私营公司领导9大管理之道

方军◎编著

中国華僑出版社

·北京·

图书在版编目 (CIP) 数据

私营公司领导 9 大管理之道 / 方军编著 .—北京：
中国华侨出版社，2004.11（2025.1 重印）
ISBN 978-7-80120-888-0

Ⅰ. 私… Ⅱ. 方… Ⅲ. 私营企业 – 企业管理
Ⅳ. F276.5

中国版本图书馆 CIP 数据核字（2004）第 113899 号

私营公司领导 9 大管理之道

编　　著：方　军
责任编辑：刘晓燕
封面设计：胡椒书衣
经　　销：新华书店
开　　本：710 mm × 1000 mm　1/16 开　　印张：12　　字数：136 千字
印　　刷：三河市富华印刷包装有限公司
版　　次：2004 年 11 月第 1 版
印　　次：2025 年 1 月第 2 次印刷
书　　号：ISBN 978-7-80120-888-0
定　　价：49.80 元

中国华侨出版社　北京市朝阳区西坝河东里 77 号楼底商 5 号　邮编：100028
发 行 部：（010）64443051　　　　传　　真：（010）64439708

P前　言
reface

私营公司领导的作用何在？杰克·韦尔奇说："公司领导的责任不在于表面上让员工都按照统一的制度去工作，而在于真正能够把管理之道渗透到各个部门，激发和提示员工的工作效率。因此，一个不能精通管理之道的领导，一定会把公司引入到市场竞争的滑坡线上去"。这段话，是值得认真思考的？

的确私营公司竞争非常激烈，除了应对市场的风云变幻之外，自身内部的管理机制的最优也尤为重要。可以讲，现在完全处于一个管理革新的时代，没有科学的管理，一个公司就会内部失控，失去竞争的活力，就会自己疲软，更谈不上什么效益。因此，作为公司领导，必须先为管理大师，才能成为效益大师。创造公司生机，这一点绝不容忽视！

私营公司领导如何抓管理，并且从管理中提高效率，则是工作的重中之重，毫无疑问，这个问题解决得好坏，可以决定一个公司的生死。正如杰克·韦尔奇所说："领导管理水平的高下，不仅是个人能力问题，而且是公司成败的大问题。"

在私营公司的实际管理之中，领导需要做大量的细节工作，领导的细节工作是成功公司管理的一个极其重要的组成部分。从领导管理过程的实质来看，领导者的个人行为不能直接实现决策目标，即领导行为与决策目标之间存在一定的间接性。能在实际运作过程中让领导行为和决策目标结合在一起的因素，就是公司中人员的管理和使用。

作为私营公司领导，怎样才能运作有效的管理之道呢？这就需要以自己的管理能力为重点，用最先进和实用的理念重塑自己，把管理的智慧渗透到工作细节中去，让员工心服口服，创造出高效益。

然而，面对私营公司复杂的情况，领导的管理能力在公司中显得愈益重要，对管理能力的要求也越来越高。那么，如何提高领导的管理能力呢？比如：怎样得到下属的拥戴，怎样树立良好的个人形象，从而不断进步？公司领导如何协调好与政府的关系，如何建立公司与公司间的关系，如何协调好与顾客、与股东、与社区、与科教界等方面的关系，从而树立起自身、公司或产品的良好形象，在激烈的竞争中稳操胜券？其中大有学问。

本书引进国外公司管理的先进理念，同时有针对性地就上述问题进行了实战分析，注重以生动的例子说明理论，读后能学，学后能用。其目的是希望私营公司领导（包括其他类型的领导），能够结合实际，从中大幅度强化自己的管理之道，把公司（或单位）带入一个在市场竞争中的“奔跑状态”——赢得高效的胜局！

目 录

Contents

第一章
坐稳位置，个人能力必须过关

第二章
上下多沟通，就会路顺畅

第三章
赢得下属的心，就能与他们打成一片

第四章
打出“责任感”这张强硬牌

第五章
相信干劲都是被激励出来的

第七章
用智力大幅度地提高市场占有率

第八章
协调关系，随时局做出决策变化

第一章

坐稳位置，个人能力必须过关

公司领导处于一个团体的中心地位，是公众人物，他的一举一动、一言一行都或明或暗地处于别人的关注之中，在公众场合也许我们可以全力以赴地扮演好自己的领导形象，但是，在自己认为群众和下属看不到的时候能不能也言行有度、举止规矩呢？这才是充分展示自己的修养和内力的时候，让下属看到最真实的自我的时候，也是让他人最有印象的时候，也是管理与协调好公司的关键之一。因此，公司领导必须处处谨慎，时时小心，从小事着手，从身边做起，慎独慎微，勿以恶小而为之，勿以善小而不为。

严于律己，就能开好头

// 管理之要 //

一个人只有把自己的严己修养与宽人修养很好地结合起来，才算抓住了做人的最根本之点。

先责己后正人的批评方式，一方面体现了领导者正直负责的品格和对下级关心、爱护的深厚感情；另一方面也能收到积极的批评效果。一般情况下，犯错误的同志容易产生畏惧和防卫心理。批评他人先谈自己的错误，易解除被批评者的思想顾虑，能有效地缩短批评者与被批评者之间的心理距离，增强批评的说服力。

20 世纪 50 年代时，前东德总理来我国访问，拟签订中德友好互助条约。按国际惯例，两国签约要经双方约定时间公布。然而由于记者的疏忽，在条约尚未签订的情况下，提前发了消息。周总理看到报纸后，感到很意外，马上打电话给已到外地访问的东德总理表示歉意。当天下午把有关领导和记者请到办公室开会。在了解问题发生的经过之后，周总理说：我只在国务院会议上提醒了记者暂不发表，却没有在人大常委会上向记者交代，结果出了问题，这是我的疏忽。然后，他才对有关人员指出错误的性质、影响，及各自应负的责任和教训。直接发稿的记者激动地说：“稿件提前发表，捅了娄子，明明是我自己不慎造成的，周总理却首先承担了责任，使我深受教育。”此后数十年，这位记者仍记着这次批评。

在有关事件中，如果批评者一上来先坦率承认他自己应该承担的错误，那么被批评者就不难接受对自己错误的指正了，这在任何场合都适用。

某厂出了质量不合格的大事故，运往广西作战部队的设备，在当地无法使用，虽然工厂立刻做了补救，可是事故的责任是需要追究的。这个厂的厂长——一位30出头的年轻人，面对十几位老资格的科长，是这样展开批评的：

“今天讨论事故问题，我先讲讲。”他先这样起了头，然后分析了事故的原因，接着说：“鉴于这个原因我已以个人名义向公司写了请求处分的报告，并扣除了自己一季度奖金。”

于是，老资格的科长、主任们纷纷自责自己的错误，并诚恳地接受随之而来的严厉批评。他们主动地写了书面检讨报告，要求扣除奖金。第二年，这个厂的产品居然还在全国性的设备订货会上畅销。

使犯错误的人得以改正而又不产生怨恨，如果我们都能这样，那么这个社会上的怨恨将会大大减少。

忍耐成事，是成功法则

// 管理之要 //

身处逆境、置身祸中，要学会忍，方能成就大事。

冲动，永远成不了胜者！

把冲动收起来，用理智和冷静处理每一件事。冲动即感情用事，忘乎所以，贸然出击！冲动，绝对是谈判桌上的大忌！照理说，一个性格冲动的人员不能上谈判桌的。谈判是绅士间彬彬有礼的“战争”；冲动，则会使一个有教养的绅士变成街上的流氓。冲动还会让谈判者失去理智，而这正是谈判对手求之不得的。你愈是怒火冲天，他愈是笑得可爱，就像故意跟你作对似的！冲动只能图一时之快，而不能把对手控制在掌股之中。

我们说过，急性子的人不适合坐在谈判桌边，同样容易感情冲动的人也不适合。事实上，急性子和感情冲动有异曲同工之妙：前者恨不能一口吃成个大胖子，后者则缺乏理智、凭冲动行事——两者都是谈判的大忌！

切记不要冲动，否则你会把自己变成盲人和聋人！

当一个人陷入情绪的漩涡时，他不仅无法清晰地思考和接收信息，甚至还会曲解事实。当他害怕时，以为别人也害怕；当他难过时，以为别人也难过；当他生气时，以为别人也生气。换言之，他已经丧失了对事情的正确理解和反应。

情绪有两面性，它可以在了无生趣的谈判桌上给人致命的一刀，也可以将你的关切之意表露无遗。一些因情绪原因而中断的谈判是常见的。事实上，当你情绪恢复正常时，你会发现那个当时让你们双方无法突破的问题，实在无聊得有点可笑，但尽管无聊可笑、微不足道，却已经为时太晚，追悔莫及了。

退一时，可保长久，退一步，有时可以进三步，为自己，也为跟随自己的下属的长远发展。忍得一日饥，可得一生饱。

老子说过："曲则全，枉则正，窪则盈，敝则新；少则得，失则惑……古之所谓曲则全者，岂虚言哉？诚全而归之。"

在现实的制度下，不能前进，或仍居原位都会有危险，那就要主动地避让，保存实力，韬光养晦，待机而动。"留得青山在，不怕没柴烧。"当初退一小步，以后能进一大步。

"小不忍则乱大谋。"

"一忍可以制百勇，一静可以制百动。"

老子关于祸福关系的论述，为后世广为传颂，那就是"祸兮，福之所倚；福兮，祸之所伏。"因此身处逆境，置身祸中，要学会忍，方能成就大事。孟子说过："天将降大任于斯人也，必先苦其心志，劳其筋骨，饿其体肤，空乏其身，行拂乱其所为。所以动心忍性，增益其所不能。"遭受一番苦难，熬过去，就可以接受天降之大任了。因此困境中要甘于忍，越是能忍之人，就越增益其所不能，成就大事。

处理与领导、同事、下属之间的关系时，也要会忍，方得关系之和谐。《菜根谭》中有一句话："处世让一步为高，退步即进步的根本；待人宽一分是福，利人实利己的根基。"你忍住自己的私欲、怒火，实际上是在帮助你自己。唐朝诗人张公的《百忍歌》这样写道：

百忍歌，歌百忍，忍是大人之气量，忍是君子之根本。
能忍夏不热，能忍冬不冷。
能忍贫亦乐，能忍寿亦永。
贵不忍则倾，富不忍则损。
不忍小事变大事，不忍善事终成恨。
父子不忍失慈孝，兄弟不忍失爱敬。
朋友不忍失义气，夫妇不忍多争竞。
刘伶败了名，只为酒不忍。
陈君灭了国，只为色不忍。
石崇破了家，只为财不忍。
如今犯罪人，都是不知忍。
古来创业人，谁个不是忍。

鼎鼎大名的淮阴侯韩信，年轻时整日游手好闲，无所事事。一天，一群地痞找他的茬儿，挑衅说："你长得倒不错，不知胆量如何？"韩信见自己人单势孤，就默不作声。地痞们见围观的人越来越多，更加得意，对韩信说："你如果有胆量，就把我杀了，如果害怕，就从我的胯下爬过去吧！"韩信也不言语，默默地从那人的胯下爬了过去。反过来假设，如果韩信当时不能忍，杀了那地痞，或者要抵命，或者被众地痞废了，也就没有了后来的淮阴侯。

越王勾践更是能忍。他被吴王夫差打败后，作为讲和的条件，勾践夫妇去给夫差当奴役。从一国之君到为人仆役，这是多么大的羞辱啊。但勾践忍了。是甘心为奴吗？当然不是，他在伺机复国。

到吴国之后，他们住在山洞石屋里，夫差外出时，他就亲自为他牵马。有人骂他，也不还口，始终表现得很驯服。

一次，夫差病了，勾践在背地里让范蠡预测了一下，知道此病不久便可痊愈。于是勾践去探望夫差，并亲口尝了尝夫差的粪便，对夫差说："大王的病很快就会好的。"夫差就问他为什么，勾践顺口说道："我曾经跟名医学过医道，只要尝尝病人的粪便，就能知道病的轻重，刚才我尝大王的粪便味酸稍有点苦，所以您的病很快就会好的，请大王放心！"果然，没过几天夫差的病就好了，夫差认为勾践比自己的儿子还孝敬，很受感动，就把勾践放回了越国。

勾践回国之后，依旧过着艰苦的生活。一是为了笼络群臣百姓，一是因为国力太弱，为养精蓄锐，报仇雪恨。他睡觉时连褥子都不铺，铺的是柴草，还在房中吊了一个苦胆，每天尝一口，为的是不忘所受之苦。

吴王夫差放松了对勾践的戒心，勾践正好有时间恢复国力，厉兵秣马，终于可以一战了。两国在五湖决战，吴军大败亏输，勾践率军灭了吴国，活捉了夫差，两年后成为霸主。正所谓"苦心人，天不负，卧薪尝胆，三千越甲可吞吴。"

不要忽略“小人物”

// 管理之要 //

离开群众的人，就像落地的树叶。

所谓“小人物”，指的是无职无权的一般群众。作为一个领导或决策者，会做事与会用人是其事业成功的必要基础。“万丈高楼平地起”，领导人事业的成功依靠广大“小人物”的拥护支持和共同努力。

从古至今，有所作为的领导人都深深地体会到尊重“小人物”的重要。唐代政治家魏征把君民关系比喻为船和水的关系，水能载舟，亦能覆舟；毛主席说兵民是胜利之本；人民群众是真正的英雄，是历史的主人。维吾尔谚语说得好：“离开群众的人，就像落地的树叶。”

《史记・魏公子列传》中说：魏公子无忌为人仁厚，又能礼贤下士，凡是士人，不论才能高低，都能谦虚地以礼相待，不因为自己富贵就怠慢士人。因此，纵横几千里地方的士人，都争相前往归附他。他招徕的食客有三千人。在这个时期，各个诸侯国因为公子贤能，门客又多，十多年不敢侵犯魏国。

魏国有个隐士名叫侯嬴，七十多岁了，家里很穷，只好去做大梁夷门的守门人。魏公子听说后，就前去问候，要赠送他丰厚的财物。侯嬴不肯接受，公子就摆设酒席，大请宾客。客人坐定之后，公子带着礼物，空着车子左边的座位，亲自去迎接夷门侯先生。侯先生整了整破旧的衣帽，登上公子的车毫不谦让坐在上首，想借此来观察公子。公子握着缰绳，更加恭敬。侯嬴又对公子说："我有个朋友在街上屠宰坊里，希望委屈您的车马，让我去访问他。"公子驾着车子来到市场，侯嬴下车去会见他的朋友，故意久久地与朋友谈话，暗中观察公子。公子脸色更加温和。市场上的人都看着这个场面。这时候，魏国的将相、王族、宾客济济一堂，等候公子举杯祝酒。随从人员暗地里都骂侯嬴。侯嬴看到公子的脸色始终不变，才辞别朋友，登上车子来到公子家，公子领着侯嬴坐在上首，并向他一一介绍宾客。客人们都吃惊不已。饮酒正酣时，公子起立，来到侯嬴面前向他敬酒祝福。侯嬴便对公子说："我只是夷门的守门人，而公子却委屈车马，在大庭广众之中亲自去迎接我，本不应该去访问朋友，却委屈公子去了一趟。然而我侯嬴要成就公子的美名，故意让公子的车马久久地停在市场上，去访问朋友，借此观察公子，公子却更加恭敬。市民大都把我看作小人物，而认为公子是有德行的人，能谦恭地对待士人啊！"此后，侯嬴成了公子的上宾，并为公子的事业作出了贡献。

魏公子无忌之所以对许多别人看不进眼里的"小人物"如此屈尊拜访，就在于他认识到了"小人物"中蕴藏的巨大潜能，自己可以借助这种力量去达到政治目的。

同样道理，一个领导人也应该树立这种"四两拨千斤"、他山之石可以攻玉的意识，才能有所作为。要知道，人是最复杂的动物，你应该尽力去了解你的下属中潜藏着哪些人物，他们各有哪些才能、特长，有什么样的家庭背景和社会关系？他们的同学、朋友都是一些什么人，他们的同学、朋友又有一些什么样的家庭背景和社会关系。不要忽视"小人物"，在他们身上不经意的投入，有可能带来意想不到的连锁反应。

也许，你只是因为一点家务事而心情不好，但却把这种不良情绪带到了工作环境中，并且不加遏制地在下属中任意发泄，让这些微不足道的“小人物”成为“出气筒”、“受气包”，当然，大多数下属只能忍气吞声，但是，一旦这个人是个有个性且自尊心很强的人，他会在某一天乘你不备，重创你一下；也许，这个人有很不一般的家庭关系，其中就有人可以直接参与对你的提拔任免，你的行为正处于人家的监控之中，“授人以柄”，岂不因小失大？也许，这个人颇有才华，几年以后，他会处于和你平级青萍之末甚至高于你的位置，这样，等于给自己树立了一个未来的敌人，使你后悔莫及。早知如此，何必当初。

世界是不断变化的，没有一成不变的事情，“小人物”也不会甘于永远充当“小角色”，或许有一天也会变成“大人物”，多一个朋友总比多一个敌人强。或许，当你处在消息闭塞中时，会有一个你意想不到的朋友，给你送来一则起死回生的消息，帮你力挽狂澜；当你处在仕途低迷时，会有人扶你一把；或者在你的单位进行民主评议的时候，你这个群众关系好的人所得的票数比别人多。

《战国策》记载了这样一个故事：中山国君宴请都城里的军士，有个大夫司马子期在座，只有他未分得羊羹。司马子期一怒之下跑到楚国，劝说楚王攻打中山国。中山君被迫逃走，他发现，逃亡时有两个人拿着戈跟在他后面，寸步不离地保护他。中山君回头问这两个人说：“你们是干什么的？”两人回答说：“我们的父亲有一次快要饿死了，你把一碗饭给他吃，救活了他。后来，我父亲临终时嘱咐我们：‘中山君如果有难，你们一定要尽死力报效他。’所以我们决心以死来保护你。”中山君感慨地仰天而叹：“给予，不在于多少，而在于正当别人困难时；怨恨，不再于深浅，而在于恰恰损害了别人的心。我因为一杯羊羹而逃亡国外，也因一碗饭而得到两个愿意为自己效力的勇士。”

《三国演义》里的曹操更是因为对待“小人物”态度的不同而影响大业。在官渡之战兵处劣势时，曹操听说袁绍的谋士许攸来访，竟顾不得穿衣服，打着赤脚慌忙出来迎接，对许攸十分尊重。许攸感其诚，遂为曹操出谋划策，帮了他的大忙。礼贤下士的曹操借助这个“小人物”的力量成就了许多大事。然而，曹操也吃过忽略“小人物”的亏，当他志得意满，一帆风顺时，西川的张松前来献地图，他却态度傲慢，以致给张松留下了“轻贤慢士”的坏印象，于是张松改变了主意，把本来要献给曹操的西川地图，转而献给了刘备。这对曹操来说不能不是事业上的一大损失。可以想象，曹操对张松如果像当年对许攸那样尊重，西蜀的地盘说不定早就成了曹操的天下了。帝王的霸业让一个小人物给耽误了不少。

所以，作为领导，一定要记住：把鲜花献给身边所有人，包括你心目中的“小人物”。不要总是时时处处表现出高人一筹的样子，要知道，再有能力的人也不可能把所有的事情都办好，再优秀的篮球运动员也不可能一个人赢得整场比赛。在经营管理中，人的因素至关重要，有了人才会有事业，有情义同时也会带来效益。俗话说：“不走的路走三回，不用的人用三次。”说不定，有一天，你心目中的“小人物”会在某个关键时刻成为影响你的前程和命运的“大人物”。

在某一家公司，行政部和财务部两个部门的经理都是大学毕业，年龄、经历相仿，都非常有才华。行政部经理为人和善、善于走群众路线。在日常工作中，对下属分寸得当，恩威并施。在业务上严格要求，从不放松，但偶尔出了什么差错，他却总能为下属着想，主动承担错误，为下属担保，从而很得民心，每当出差，总是不忘带点小礼物、小玩意，给每一个下属一份爱心。而财务部经理虽然工作成绩也是不凡，但在对下属的管理中，却严厉有余，温情不足，有时甚至很不通情达理，缺少人情味。曾有一位下属的老父亲得了急病，等把老人送到医院，急急忙忙赶到工作单位，难免耽误了几分钟。虽然这位员工平时工作勤恳，兢兢业业，从不误事，但这位经理还是对其进行了严厉的通报批评，并处以相当数量的罚款。弄得大失民心，怨声载道。长此以往，终于各得其所，在不久的一次公司内部的人事调整中，行政部经理不但工作颇有业绩，而且口碑甚佳，更符合一个高层领导的素质要求，被提拔为副总经理。而那位财务部经理虽说工作干得也不错，但没料到下属中有一位他从来不放在眼里的“小人物”的同学的父亲是本公司的总经理，他有失人情味的管理方式，在领导眼里，其实不利于笼络人心，不利于留住人才，只好继续做他的部门领导。可见，“小人物”的力量汇在了一起，足以推翻任何一个“大人物”。

所以，第一，不要轻易得罪“小人物”。不要与他们发生正面冲突，也不值得发生正面冲突，以免留下后患。

第二，学会与“小人物”们交朋友。多一个朋友多一条路。不要用实用主义的观点去处理与“小人物”的关系，等到“有事才登三宝殿”时，就晚了。

要记住，你平时花在“小人物”身上的精力、时间都是具有长远效益和潜在优势的。在不远的一天，也许就在明天，将得到加倍的报答。谁知道你将会遇到什么棘手的问题。

守住“慎独慎微”四个字

// 管理之要 //

一般人想说什么就说什么，不必有很多顾忌。但领导人却不能这样，因为他代表着某个组织和某种权力，每个人都在注意他的一言一行。因此，作为领导，一定要谨言谨行。

“慎独”二字，顾名思义，慎其独者也。中国传统文化中讲究个人修养，强调“慎独”。《礼记·中庸》中说：“莫见乎隐，莫显乎微，故君子慎其独也。”《礼记·大学》中说：“小人闲居，为不善，无所不至。”也是说的在独处独居的时候能够“独行不愧影，独寝不愧衾”曾子“吾日三省吾身”，同样具有慎其独处的含义。古希腊数学家毕达哥拉斯也提出过类似的主张，他说：“不论在别人跟前，或者自己单独的时候，都不要做一点卑劣的事情，最要紧的是自尊。”刘少奇在《论共产党员的修养》中，也用了“慎独”一词，并灌注以积极的内容和新的意义，要求共产党员即使在“个人独立工作、无人监督、有做各种坏事的可能的时候，也能够‘慎独’，不做任何坏事。”

一个领导者处于一个团体的中心地位，是公众人物，他的一举一动，一言一行都或明或暗地处于别人的关注之中，在公众场合也许我们可以全力以赴地扮演好自己的领导形象，但是，在自己认为群众和下属看不到的时候能不能也言行有度、举止规矩呢，这才是充分展示自己的修养和内力的时候，让下属和群众看到最真实的自我的时候，也是让他人最有印象的时候，因此，领导者必须处处谨慎，时时小心，从小事着手，从身边做起，慎独慎微，勿以恶小而为之，勿以善小而不为。

《后汉书》中说："轻者重之端，小者大之源，堤溃蚁孔，气泄针芒。是以明者慎微，智者识几"。《淮南子·人间训》中讲："圣人敬小慎微，功不失时"。三国时的应璩有首诗说："细微可不慎，堤溃白蚁穴，腠理早从事，安复劳针石？"都揭示了看来细微的东西，也不可不慎。浩浩乎狂飙起于青萍之末，巍巍乎高山拔于坦坦平陆。"小者大，微者著"。看不到小事情会变成大事情，不了解小事情会起大作用，便很可能在这小事情上引起大问题。楚晋鄢陵之战时，主将子反口渴了，从阳谷给他送上一碗酒，子反明知战时不可饮酒，也曾表示拒饮，但经不住酒香的引诱，喝了一碗，就控制不住了，以至于楚军败绩后，楚王砍了他的脑袋。

对于一个领导而言，道德原则是一时一刻也不能离开的，要时刻检点自己的行动，看有什么意见而自己没有听到。"慎独"的核心，是在"独"和"微"，"独"时对于"微"处慎重从事。"众"时"大"处，即在有人监督的情况下和重大的问题上，一般来说便不至于造次了。反过来，如果"独"时"微"处不在乎，放纵随意，那么积小成大，渐染成习，便可能成为牛皮糖、软皮鼓，到"众"时"大"处，也会稀里马虎，肆意轻妄了。"小时偷针，大时偷金"，便属此类。因此，一个有道德的人在独自一人、无人监督时，总是小心谨慎地不做任何不道德的事。坚持慎独，在"隐"和"微"上下功夫，即有人在场和无人在场一个样，不让任何邪恶性的念头萌发，才能防微杜渐，使自己的道德品质高尚。慎独修养方法实质是提倡高度的自觉性。

古时一首《守义》诗说："许衡方渴时，不食道边梨，一梨食细微，不义宁勿为。"这位古代的许衡对不道德的事，哪怕很细小，也不去做；古代有位名叫乐阳的人，在路上拾到一块金子，拿回家里，被他妻子批评了一通，指出"拾遗求利"会"污其行"，劝他要"励志洁行，不而为之"。他们都认识到了"由小变大"的可能性、"小恶"会发展到"大恶"，小错误会发展成大错误，到头来，多行不义必自毙，那就悔之晚矣。

现实生活中，我们可以看到，有的领导贪得无厌，官位越高越好，权力越大越好，金钱越多越好，事情越少越好。有些人由于不能控制自己的私欲，逐渐走上了犯罪的道路。有些不成熟的领导者或易冲动的领导人，往往不能控制自己的情感和行为，遇到某种刺激，易于兴奋，易于激动；处理问题冒失、轻率，好意气用事，不顾后果。

有成效的领导人善于控制自己的感情，掌握自己的心境，约束自己的言行。无论受到什么刺激，他们都能保持沉着、冷静，而不产生冲动行为。必要时能节制自己的欲望，忍受身心的苦痛和不幸，克制自己的各种消极情绪。表现出高度的忍耐性、纪律性、组织性。在待人接物上表现为忍让克己。

"勿以恶小而为之"的同时就是"勿以善小而不为"。话说清代名商胡雪岩少年时浪迹杭州里弄，却独具慧眼不惜以自己钱庄"档手"的位置（相当于现在的银行办事员），为一落第书生王有龄凑足纹银五百两，资助他进京走路子谋官位，算是做了一件好事。后来，王有龄果然仕途上平步青云，成了浙江巡抚，想那江南膏腴之地、人间天堂一半进入他的管辖区。人之相交，贵在患难，王有龄之有今日的成就，当年胡雪岩的五百两纹银可谓立了大功。于是乎，胡雪岩就有了一个坚强的后台，此后翻翻滚滚几经谋划，终于成了清朝末年一位极负盛名的红顶商人。

《国语》曰:“从善如登，从恶如崩”。登喻难，崩喻易。人学恶学坏，那是很容易的。要杜恶从善，就要从小事做起，从身边做起，慎独慎微。

慎勿“毁约”，否则失去信任

// 管理之要 //

毁约，近似于说谎，谎言只能自毁形象。

毁约，近似于说谎。对下属说谎，无异于在下属面前翻脸不认账，自毁形象！

因此，公司领导对于下属有一件事绝对要避免，那就是“毁约”。下属对主管感到不满的，通常说谎者占绝大多数。莫非世上有这么多爱说谎的上司？

实际上，经过仔细推敲之后发现，有许多主管爱说谎言，多半是迫不得已的：虽然主管内心并不想说谎，但由于各种因素，造成主管无法履行约定；也有上司本身了解真情，说出来的时机还不成熟，但是下属并不了解整个事件的性质；还有的是因为上司发生了误会，记错、说错或听错而造成的。

即使如此，上司也不能轻率地处理此事。上司应该坚守一项原则——我绝不对下属说谎。

实际上，下属信赖上司的程度，多半超过上司的想象。因此，一旦下属认为“我被骗了”，他对你所产生的愤怒是无法估量的。

下属通常会随时注意上司的一言一行。一旦发现上司的错误或矛盾之处，就会到处宣扬。虽然此与信赖并不矛盾，但是被捉到小辫子也不是一件光彩的事。

如果你能做到平时不疏忽、不说谎，就恰如其分了。

在工作岗位上，如果你必须说谎时，最好在事后找个机会说明事实。

但说明不能只是一个借口。毕竟对方因为你的谎言而陷于不利的处境，或遭遇到不愉快的事情。因此，你应先对你的谎言诚恳地道歉，然后再加以补充说明。

如果对方能够了解你的用心，是最好不过了。但是，有时对方仍旧会心存介意。遇到这种情形，你能做的也只是告诉他实情而已，因为这种事有时候要在很久之后，才能得到对方的谅解，也许你永远都不会被谅解。虽然一直被别人误解并不好受，但这也无可奈何。你必须克服这种伤痛，并且去接受它和理解它，这样你的胸襟才能更加宽阔。

偶尔你可能碰到原先认为可以完成的任务却突然失败的情形，因而无法履行和下属的约定。此时，你应该尽早向对方说明事情的原委，并且向他道歉。若你说不出口，而又没有寻求解决之道，事态将变得更严重。

道歉的诀窍在于尊重对方的立场。一开始你必须表示出你的诚意，若你只是一味地为自己辩解，企图掩饰自己的过失，只会招致严重的后果。一旦说谎的恶名传开来，就很难磨灭掉；必须花费相当长的一段时间，才能将此恶名根除。

如果因为考虑欠周或误解，自己就应负起责任。但是，若是因为言语上的疏忽或误会而被指责是说谎，则是一件令人懊悔的事。

若你曾有过上述经验，就更要注意不要再重蹈覆辙。在措辞、态度上都不可掉以轻心。

某家公司的科长在计划书上批上“同意”后交给下属。然而，由于科长写得相当潦草，拿到这份计划书的新职员并不清楚这位科长写字的习惯，他将“同意”看成“不行”，计划因此中断。当然，这位科长要负起大部分的责任。

在另一家公司，某位下属对上司说：“我想改变销售策略，可以吗？”上司回答：“(不变也)可以！”科长并未说出括弧中的字，因此，听成“可以”的下属，以为自己的提案已获准，而迅速着手进行。结果，业务部门引发了一场大混乱。

下属通常相当留意上司的小动作，如点头、摇头并企图从小动作中得到启示。因此，你必须留意，避免发出一些暧昧不清的信号。

说谎对于一般人尚且不能原谅，何况是作为下属表率的领导？

第二章

上下多沟通，就会路顺畅

如果公司领导有很好的主意，于是就对下属下命令，然后就想等待成功的结果，那就大错特错了，因为2还没有与他们充分沟通。最成功的公司领导是那些把沟通的技巧精炼为艺术的人们。良好的沟通为业务的全面成功奠定了基础。它不仅使公司领导在不知不觉中增强了“管理”职员的能力，而且会增强员工之间合作的能力。

沟通必须做到因人而异

//管理之要//

员工的个性往往会影响到公司的运作，然而，性格上的问题，往往是管理上棘手的一环。

性格上有问题的下属，往往是管理上棘手的一环。他们的工作习惯、态度不只影响他们本身的工作效率，还动辄将个人情绪发泄，容易影响到其他员工的士气和生产力。所以，身为主管不能忽视员工性格上的问题。当然，没有人期望你能解决所有人的性格问题，即使心理医生也没有这把握。但你可以在可能的范围内和他们沟通一下，试图了解他们的困难。

（1）感情脆弱，容易受伤型：假如你的行业是要面对很大压力的，而偏偏有易受伤的员工，当他跟不上大队的进度，或犯错时，你应怎样处理？

首先，在措辞上力求小心。尽量少以个人立场发言，以免他有被针刺的错觉，多强调“我们”和“公司”。小心不要伤害到对方的自尊心，把握机会称赞他在工作上的其他表现和肯定他对公司的贡献。对于易受伤型的员工，主管必须以鼓励代替责骂。并向他解释，执行不了公司的决策而出现差错，和个人能力不一定有关。

（2）悲观型：员工事事悲观，对新观念不抱希望，样样也不想改变，阻碍了公司的改进。要改变这类员工的观念不易，作为主管的在他面前一定要维持一贯乐观进取的态度，让他有所依赖。

假如他表示某方法不通，不妨让他找出可行方法，鼓励他积极进取。

（3）脾气暴躁型：公司内有脾气暴躁的员工，自然永无宁日，争吵不停，如何令大脾气的下属收敛一下？

首先，在该员工心平气和时，让他知道乱发脾气不妥当处。并强调公司内不容许个别员工破坏纪律，也不会姑息乱发脾气的行为。

不过，当他情绪激动时，最好先不要发言，听他诉说心中的不平。一个愤怒的人，通常也会有很复杂的情绪，细心地聆听可以令他平静下来。

（4）难以捉摸型：这种特立独行的员工，通常会在一些创作部门中找到。这类人多数对自己的工作能力十分满意，并恃才傲物。任何人也难以令他们改变。

像这种有才华但绝不妥协的员工，最令老板头痛，对他们又爱又恨。假如他的才能直接影响到公司的生意，那便只好顺应他的个性发展出另一套适合他的管理方式。或向不习惯的客户解释他的特殊情况。

不过，如该员工不是从事创造性工作，而是从事生产或维修部门工作的话，则绝不可以采取放任态度，因他会严重影响到公司的运作，和引起其他员工不满。

总而言之，员工的个性往往会影响到公司的运作，一大意便会让公司蒙受很大的损失，所以主管们绝不能只顾工作进度而忽视了人的因素。

及时掌握有效的沟通方式

// 管理之要 //

要想说服对方，要想提高你的说服力，必须根据具体情况，具体对象来采取有效的沟通方式。

公司中一定有许多的部门，虽皆属一个公司，但因所属职务不同，难免有不同的看法与做法，或常发生争执，最后往往是哪个部门较有实力则较占优势。有时各计划的执行者，也要以其所仗之势来论高低。

当双方的领导互相沟通时，一定要先彻底地说明状况，也许反而可找出彼此误会的地方，或彼此了解不够的原因。双方若能将问题直截了当地讲明，将使彼此的关系又往前进一步。

总之，当与说服的对方僵持不下时，首要之务，就是找出彼此超然的共通点或共同目标。制造与销售虽是不同工种的工作，但站在整个公司的立场上来看，一定有其共通之处。若能以此大前提与超然的立场来协调制造与销售上的分歧点，过去的龃龉反而变得微不足道，并建立了沟通的渠道。

在社会中你说服别人，如果同一个道理，用不同的表达方式，则会产生不同的效果。

单面沟通与双面沟通是说服时两种有效的沟通方式。单面沟通是指在说服中只强调行为或事件的好处或者坏处，双面沟通则是指在说服中，既要肯定其益处，又要强调其弊端，只是两相比较，利大于弊还是弊大于利。

单面沟通与双面沟通在说服中，各有优劣。单面沟通可以避免相反信息的干扰，论证集中。但处理不好，目标对象会觉察到还有其他信息时，会觉得你认识偏颇，或以为你有意隐藏。若陷于这种状态，信息可信度降低不说，甚至还会引来对方的反感，劝导告吹，连继续说服的余地都失去了。双面沟通可以激起对方的信任，认为你是一个公正的人而乐于接受你的主张。同时，双面沟通还使对方不好反驳，说服更见力量。不过，处理不好，目标对象不仅不会按你的希望接受观点，或许还接受了你相反的立场。这种方法还可以使传输的信息互相干扰使劝导说服显得苍白无力。

那么，到底使用哪种沟通形式相对更见效力，这需要视具体对象而言。据社会心理学家们研究：当说服对象与自己的观点完全相背时，双面沟通效果好；当说服对象与自己的观点有一致倾向，只是稍有出入时，单面沟通好；当说服对象对你所谈的问题，知识经验不足，并且不是很有理解力时，单面沟通效果好；反之，则采取双面沟通。

请看下面这对夫妻的对话。开始是这样的：

丈夫："星期六晚上，小王请我们去他家吃饭，你能跟我一起去吗？"

妻子："星期六晚上，不知道行不行。星期六我有一大堆事情要做。"

此时，丈夫应采取哪一种沟通形式更见效呢？这就要视妻子的性格及事情的多少而定了。

如果妻子生性喜欢社交，丈夫就可以采用单面沟通，强调去小王家做客的好处。丈夫可以这样说："听小王说，他夫人又新学会做几道菜，手艺很不错呢。""据说，他们还邀请了小张夫妇，吃完饭一起去唱歌、跳舞。"此时，喜欢社交的妻子必定大为动心，如果丈夫再适当说一些帮助做家务的话，妻子肯定会欣然同意前往。

但是，如果妻子生性不太喜欢社交或者事情繁多，不太想去的话，丈夫就应当采取双面沟通的形式，首先对妻子不想去表示理解，然后比较利弊。丈夫可以这样说："我知道你最近事情太多，负担太重，感觉有些累，所以不想去小王家。但不去也不太好。小王刚搬了新家，第一次邀请我们，而且又那么热情。再说，他们还邀请了小张夫妇，决定吃完饭一起去唱歌、跳舞，你也可以趁机轻松轻松，是不是呢？"这时，妻子心中比较利弊，认识到利大于弊，肯定也会同意一起去做客。

如果对喜欢社交的妻子采用双面沟通，而对不喜欢或暂时不想参加社交的妻子采用单面沟通，效果肯定不佳。因此，要想说服对方，要想提高你的说服力，必须根据具体情况、具体对象来决定是采用单面沟通还是双面沟通。

沟通方式中倾听最重要

// 管理之要 //

不能听取部属的意见，是管理人员重大的疏忽。幸运的是，一旦你了解倾听的重要性，要练习一点也不困难。

谈及沟通，人们往往把它等同于掌握读、写、说的技能，这一点可以从我们日常生活及学校教育中体现出来。在学校，从很小的时候起，读、写能力就是学习成绩的考查重点。在家庭中，学会说话成为孩子发展过程中重要的里程碑，也是年轻父母渴求的目标。

但我们往往忽略另一种重要技能，即倾听。事实上，在每天的沟通过程中倾听占有重要地位，我们花费在接受上的，尤其是倾听的时间，要超出其他沟通方式许多，美国学者曾做过统计，结论如下：

可能正因为我们每天用于倾听的时间如此之长，以至于我们忽略其重要性，认为这不过是自然而然、不费吹灰之力的事，但事情并非如此简单。坐下来想一想，我们有多少次误解了别人的话，又有多少次没能弄懂对方的意图，我们从别人谈话中获得多少信息？

倾听也是管理者必备的素质之一，理论与经验都告诉我们，是否善于倾听是衡量一个管理者水平高低的标志。成功的管理者，一般来讲，大多是善于倾听的人，日本“松下电器”的创始人松下幸之助把自己的全部经营秘诀归结为一句话：首先细心倾听他人的意见。松下先生是用自己的实际行动来证实倾听的重要性的。在商品批量生产前，他要充分倾听各方面人员的设想和意见，在此基础上确立下一步经营目标。由于松下先生能充分认真听取各个层次的意见，所以处理问题时总是胸有成竹，当机立断，表现出敏锐的判断力。

在畅销书《亚科卡传》中，亚科卡先生也曾对管理者的倾听有过精辟的论述："我只盼望能找到一所能够教导人们怎样听别人讲话的学院。毕竟，一位优秀的管理人员需要听到的至少与他所需要说的一样多，许多人不能理解沟通是双方面的。"他认为管理者必须鼓励人们积极贡献，使他们发挥最大干劲，虽然你不可能接受每一项建议，但你必须对每一项建议作出反应，否则，你将听不到任何好的想法。他总结说："假如你要发动人们为你工作，你就一定要好好听别人讲话。一家蹩脚的公司和一家高明的公司之间的区别就在于此。作为一名管理人员，使我感到最满足的莫过于看到某个公司内被公认为一般的或平庸的人，因为管理者倾听了他遇到的问题而使他发挥了应有的作用。"从这些实业家的经验之谈中，我们可以看到，倾听是管理者成功的首要条件。

沟通与投资者的关系

// 管理之要 //

公司要想正常地运转，顺利地发展，就需要与股东之间维持良好的关系。

股东关系是指公司与投资者之间的关系。股东是公司的投资者，持有公司发行的不同份额的股票或债券，或者是直接参与公司的集资合伙人。它包括三个层次：董事会、董事局；广大股东；金融舆论专家。

股东关系从本质上说，它属于内部关系；从形式上看，又似外部关系。这是一种分散于外部的内部关系。

股东们是一群具有“老板意识”的人。在今天的股份制公司中，股东们是公司的“财源”，也是公司的“权源”所在。

由此可见，作为股东，其对公司发展有着重大的影响。股东关系涉及公司的财源，又是公司内部关系的重要内容之一。公司要想正常地运转，顺利地发展，就需要与股东之间维持良好的关系。良好的股东关系在公司中起到重要作用。

良好的股东关系有利于保持稳定的资金来源。

股东关系一般有两个基本的目标：一是维持已有的股东，使他们不断坚定信念，不轻易退股或转让股权；二是吸引更多的新股东，为公司的发展开拓资金来源。众所周知，资金是公司运行的“润滑剂”，特别是在市场竞争日趋激烈的商品经济条件下，企业要增强竞争能力，就必须有足够的财力作保障。而股东的经济导向性和选择性最强，他们完全用经济的眼光来看待同公司的关系。股东的红利是公司利润的一个组成部分，它取决于企业利润的多少。因为股东的经济利益与公司的经济利益紧密地联系在一起。

所以，良好的股东关系可以争取现有股东和潜在股东了解公司、信任公司，创造良好的投资环境，稳定和扩大股东的队伍，最大限度地满足公司的生产经营对资金需要，扩大公司的社会财源。

美国丹尼电器公司是由多个股东共同投资而建的，他们十分注重处理好公司与各股东的关系，经常邀请一些大股东来公司参观，并定期向股东们报告公司的经营与财务状况，及时地满足股东的各种要求，从而维持了与股东们的良好关系。营业几年来，公司的原有股东不仅无一人撤股，反而有好几位股东都增加了自己的人股量并介绍自己的朋友前来入股。公司的资金来源得到了丰富与扩大，财源得到了保证，从而也促进了公司的壮大与发展。

良好的股东关系有利于提高公司投资决策的科学性。

公司的发展需要大量的投资。公司投资是为了保证公司的生存和发展，其目的主要是为了创造更多的物质财富，也即用财就是为了生财。要使公司投资真正达到生财的目的，就要注意投资的经济效益，正确地确定资金的投向，选择投资少、见效快、收益大的投资项目。要做到这点，就要做好投资决策工作。

股东关系的正确处理，则有助于促使股东为本公司的投资决策出谋划策，提供投资信息，这无疑有利于提高公司投资决策的科学性，为公司的长远发展打下坚实的基础。

可口可乐公司准备投资开发新配方的可口可乐，但是，由于原配方的可口可乐已深入人们的心中，为人们了解和喜爱。而且，原配方的可口可乐占有了广大的市场。公司担心新配方的可口可乐投资不仅不会赢利，而且很可能会影响公司的声誉，从而影响了公司原来产品的销售，使公司受到损害。

于是，公司决定召开股东大会，对此项目进行分析与讨论，以便决定是否要开发新配方的可口可乐。

在股东大会上，股东各抒己见，把自己对市场的了解及信息全摆了出来，共同协商。在全体股东的相互支持下，公司决定投资该项目，并根据股东的意见对原投资计划进行了修改。当新产品出现在市场上时，以其独特的、不同于原配方的可口可乐的口味受到了人们的喜爱，销售状况良好。

在良好的股东关系推动下，可口可乐公司投资的新项目获得了巨大的利润，使公司的发展更加迅速。

良好的股东关系也有利于促销产品。

虽然，公司开展公关不是直接地为公司推销产品，但是，企业开展公关却能为公司扩大市场，促进产品的销售。

股东关系是公司内部公关的一个重要组成部分，其在促进公司产品销售方面有着独特的作用。股东作为公司的所有者，与公司存在着“一荣俱损、一损俱损”的利害关系。所以，他们就会想公司之所想、急公司之所急。同时，他们又是公司产品的第一消费者、理所当然地就成为与公司同舟共济的推销伙伴。

美国通用食品公司是美国最大的食品公司之一。公司每逢圣诞节时，就会向股东赠送一套本公司生产的罐头样品，或者是其他的食品样品。

股东们为此而感到十分骄傲。他们不仅极力地向外人夸耀和推荐本公司的产品，而且，每年圣诞节前，他们都要准备好一份详细的名单寄给公司，让公司按名单把这些食品作为礼物寄给他们的亲戚和朋友。

这种方法很有效。每到圣诞节之前，通用公司都会额外的收到大批的订单，真正实现了股东的投资、消费、推销一体化。不仅仅加强了公司与股东的联系，而且使公司获得了很大的经济效益与社会效益。

这就是良好的股东关系为公司带来的利益与好处。然而，在现实生活中，并不是每个公司都能够处理好与股东的关系。股东关系的好坏，在一定程度上决定着公司的兴衰。因此，每个公司都应学会正确合理地处理股东关系。妥善处理股东关系也就成为公司公关部门的一项重要的职责。

如何建立良好的股东关系呢？

首先，要加强信息沟通。

俗话说得好："创业难，守业更难"。如果公司现有的股东出现了抛售或者转让股票与债券的行为，则就成了公司内部自乱阵脚，更谈不上吸引新股东了。因此，就要坚定股东的信心，而加强与股东的信息沟通则是最为有效的办法。

股东并不能完全了解所投资公司的具体业务状况，当公司身处逆境时，许多股东就不知如何是好。所以，公关部门就要加强与股东之间的信息沟通。

公司公关部门应经常地、主动地向股东提供其想知道的、有兴趣知道的资料。股东作为公司的投资者，他们关心公司就是对其所投资金的关心。股东与公司的关系主要是一种"投资——分利"的关系，而股东所感兴趣的问题也是紧紧围绕这个关系而展开的。公司公关部门应如实地向股东提供有关公司生产经营的信息，绝对不能报喜不报忧。若对于公司中存在的问题进行掩盖，长此以往，势必丧失股东对公司的信任。

公司与股东沟通信息的方式可以说是多种多样，大致有以下几种：

编制年度报告。这是公司处理股东关系最重要的工作。它逐渐成为发给员工、顾客和新闻媒介的重要参考资料，受到领导的重视。

召开股东大会。股东年会是股东的“审判日”，是公司与股东直接沟通的重要方式。这种方式的优点就在于可以与股东有直接的接触，易于交换意见。

信函来往。这是与股东交换意见、联络感情的一种好方法，既可以与较近的股东进行沟通，也可以与较远的股东进行沟通。

召开临时性会议。这可用于公司的周年庆典等，对重大问题进行决策。

要与股东建立良好的关系。除了与股东进行信息沟通外，还要尊重股东的优越感，以公正平等的态度对待股东。

股东作为公司的投资者，无论投资多少，都是公司的“老板”，其优越感可以说是比较强的。公司的公关人员就要尊重股东的这种优越感，不可完全用经济的眼光来看待股东，更不能把股东与公司的关系看成是单纯的“投资——分利”的关系。要让股东在公司中感到亲切，让他们感觉到自己与公司的命运是紧紧地联系在一起的。

公司对股东要一视同仁，以公正平等的态度来看待股东。股东无论出资是多还是少，都是公司的“财源”。公司对待股东，不可厚此薄彼，让人觉得“认钱不认人”。

股东是公司的“财源”与“权源”。公司要在竞争中占据有利的地位，就需要有足够的财力作保障。而股东正是公司获得财力保障的根源。所以，公司在与股东的交往中，就必须与股东保持良好的关系。

创造良好的投资环境，稳定现有的股东，不断地吸引新的股东加入公司，扩大股东队伍，这是一个公司“聚财”的根本。

公司与股东，正如源与流。源头越多，河里的水越多；而一旦源头没有了，河流也就会枯竭。在处理股东与公司之间关系时，公司唯有坦诚以待，认真负责的态度，才能获得股东的信任，才能使“源头常在，河水长流”。

谦虚为怀最能赢得人心

// 管理之要 //

平易近人，谦虚为怀，是公司领导与人沟通的根本。

傲慢是公司领导专权管理的表现，傲慢是公司领导孤傲性格的张扬，其弊有二：一、夸张自我的权势；二、破坏人格自尊。但是事实上傲慢的上司通常有很多理由，如他认为自己作为上司理应傲慢；或者他认为对待下属就要傲慢一点，否则镇不住他的，其实这都是借口。以傲慢对待下属的领导唯一理由就是他相信权力是管好下属的唯一武器。要体现权力就必须傲慢待人。这种错误的观念使他看不到丑陋的自己，只看见在他面前出现唯唯诺诺的下属。

领导在下属面前要树立威信，这是可以的，但千万不要用一副傲慢的态度来树立自己的威信，否则谁也不会理睬你。

大多数的人在刚拥有头衔时，都会显得很谦卑，但也有人会气势十足。

但是，随着时光的消逝，主管刚上任时的谦卑态度，也渐渐不见了。在下属眼里，甚至会觉得上司愈来愈威风八面。

如果询问公司主管级的人物："你认为你自傲吗？"结果，几乎所有的人都会回答："绝对不会！"然而若问下属相同的问题，通常他们会发出一声意义深长的苦笑，然后说："喔！是这样吗？"似乎上司本身并不了解自己言行举止上的缺点。

主管威严的表现会因公司的风格、气氛以及经营者、公司成员的不同而有所差异。但是，你仍然应当避免表现出趾高气扬的态度。

下属绝对不可能顺从品行恶劣的上司。尤其女性职员更会觉得厌恶，不愿与之接近。而其他公司的人来访时，也会感觉不到愉快。若是重要客户，则会直接影响到公司的业绩。

有机会时，你最好照照镜子，看看自己的德性。下属认真地在作报告，你却口衔香烟，跷着二郎腿，东张西望，表现出很不耐烦的神情。

你公私不分，在上班时间吩咐下属为你办私事，叫唤下属时也很傲慢，都表现你轻视对方。

其实你大可不必如此傲慢。只要你能够独当一面，职位是不会跑掉的。只有缺乏自信的人，才会虚张声势，无论对自己或对周遭的人都想弄虚作假。这种行为都会招致下属的厌恶与不信赖。

你最好时时刻刻留意自己的仪容，看看自己的表情、姿态是否令人厌恶？即使只是些轻微的改正，也会有很大的差别。你的脸部表情会反映出你的内心感受，这实在是不可思议的肢体语言。另外，不论与下属多么熟悉，也最好避免直呼下属的绰号，这是相当失礼的。

在态度傲慢所遭受的损失中，最严重的应该是断绝了情报的来源，假设，下属认真地向你报告某件事情，而你却屡次打断他的话，那么恐怕以后这位下属再也不会向你报告事情了。

所以，即使下属报告的内容枯燥乏味，令你不耐烦，或者你早已充分了解，你也必须认真地听完，因为其中一定有值得注意的地方。听完报告后，你还应大加赞扬那值得注意的地方，如此一来，相信下属以后一定会不断地提供情报给你。

这是一个迫切需要情报的时代。情报的多寡与任务的成败有着密不可分的关系。因此，千万要避免做出断送宝贵的情报来源的愚蠢事来。

领导傲慢地对待下属，只会在自己和下属面前竖起一堵墙，实乃得不偿失。

把握与下属沟通的技巧

// 管理之要 //

年轻人与领导之间，往往缺乏深刻的了解，鸿沟的产生也是必然的。

公司领导和下属沟通要选择最佳的时机和最好的方式——只有这样，才能达到最好的效果。

好的领导能够知道什么时间与人沟通和怎样与人沟通：

（1）当下属处于低潮或特别脆弱，容易陷于精神崩溃的状态时，要及时抚慰；

（2）偶尔放下手头的工作和他交谈，消除下属的恐惧心理，使他暂时远离手头工作的烦恼；

（3）对失败的下属一些工作仍要交给他去做，否则他会觉得你已丧失对他的信任，这将伤害他的自尊心。但你可以不去催他完成这些工作，你要告诉他时间还很充裕，而且还要告诉他如果他在一个星期以后，还不能把你交给的工作完成，那么他将会面临被解雇或减薪的处罚；

（4）把已经完成的工作结果或是自己的工作设想摆在他面前，诚心诚意地听一听他的评判，这将对他极其有益；

（5）可以利用闲聊的时候（最好是只有你们两个人）把你自己处于低谷时的情形讲给他听，对他说这种情形在所难免；

（6）当处在低迷状态中的下属体力、脑力和精神状态都无法和正常情况相比时需要适时适度的激励；

（7）以前他取得过很多成绩，同事还不知道，你可以把这些成绩提出来对他进行公开表扬。

一般地，工作期间的沟通，远不如休息时间的沟通效果更好。这里的休息时间，必须是人为制造出来的，如公司组织的活动。

做主管的，常会希望下属与自己有相同的嗜好，但相反地，对于下属的活动，却极少参与。例如：多数公司的体育活动，都会利用星期天，以排球、网球、羽毛球等比赛方式来举行。而这一类活动，通常主管很少出席，即使有，也是来一下子就走了，几乎没有任何主管会积极地参与这些活动。因此，年轻人与主管之间，往往缺乏深刻的了解，鸿沟的产生也是必然的。

其实，不管是自己球技不好，或者对体育一窍不通，都应该借此机会，和年轻人多接近，只要诚心加入，这些年轻人就会敞开胸襟，竭诚地欢迎你。

不仅限于体育活动，其他如下棋、聚餐等也是一样的，想要多了解下属，这些机会是绝对不可错过的。只可惜，多数的主管志不在此，不愿意牺牲时间和下属亲近，他们多半自顾自地去打麻将或玩高尔夫球去了。这些人，实在是不够资格称做主管。

在与年轻下属共同活动时，有两个项目是要绝对避免的：

（1）高尔夫——这是很花费时间和金钱的运动，不是每个人都玩得起的，这一点要先替下属着想；

（2）麻将——打麻将很容易养成习惯，甚至变成恶性赌博。夜里打牌过晚，也会影响第二天上班的精神，同时，很可能因欠下赌债，一时无法偿还。遂铤而走险，造成终身无法弥补的憾事，这就是你的罪过了。

其他尚有许多不合适，或不正当的活动，都是应该避免的，在此不必一一列举，由各位自行斟酌吧！

总之，要和下属一起活动，就要找一些健全而花费少的活动，例如：钓鱼、郊游、烤肉、下棋……这些都是很有意义的活动，应该多举办。

沟通十戒有：

（1）对对方所谈的主题没有兴趣；

（2）被对方的姿态所吸引而忽略了对方所讲的内容；

（3）当听到与自己意见不同的地方，就过分激动，以致不愿再听下去，对其余信息也就此忽略了；

（4）仅注意事实，而不肯注意原则和推论；

（5）过分重视条理而对欠条理的人的讲话不够重视；

（6）过多注意造作掩饰，而不重视真情实质；

（7）分心于别的事情，心不在焉；

（8）对较难的言辞不求甚解；

（9）当对方的言辞带有感情时，则听力分散；

（10）在听别人讲话时还思考别的问题，顾此失彼。

在活动中跟下属沟通，常常能达到事半功倍的效果。不信，你试试？

德鲁克在《卓有成效的管理者》一书中认为有效的人际关系共有四项基本要求：

（1）互相沟通；

（2）共同协作；

（3）自我提高；

（4）培养他人。

在此，不必要再怀疑“心理管理”的作用，至少用互相沟通的方法来消除人际隔膜，有助于公司管理工作的完善和提高。

沟通是一种可行的管理方法。这样，可以避免以权势压人、以说教服人。因此，放下领导的架子，换掉领导的派头，认真和下属及时沟通只能是有益无害。

学会赞赏别人胜于批评别人

// 管理之要 //

赞赏不仅能给人送去温暖和喜悦，带来需要的满足，它还能激发人们内在的潜力，彻底改变他们的人生。

“历史全是由这些夸赞的真正动力，来做令人心动的注脚。”美国著名成人教育家卡耐基这样写道。确实，赞赏的力量是不可小视的。它不仅能给人送去温暖和喜悦，带来需要的满足，它还能激发人们内在的潜力，彻底改变他们的人生。

（1）寻找优点，重视他人。

心理学家曾多次做过这样的实验：把学生们分成三组，对于第一组的学生凡事都采取称赞和鼓励的态度，对于第二组的学生则非常冷漠，不闻不问，放任自流，对于第三组的学生总是批评。一段时间下来，第一组的学生进步最快，第三组的学生有比较小的进步，而第二组的学生几乎没有进步。由此可见，人人都渴望受到重视，得到赞赏。

然而，人们却又往往如此吝惜自己的语言，就像著名心理学家杰丝·雷耳评论的那样：“称赞对温暖人类的灵魂而言，就像阳光一样，没有它，我们就无法成长开花。但是我们大多数的人，只是敏于躲避别人的冷言冷语，而我们自己却吝于把赞许的温暖阳光给予别人。”中国人更是不习惯当面说人家的好话，喜欢以一种非常含蓄的方式来表达自己的感情，诸如“严是爱、松是害”，“打是亲、骂是爱”等，都是要求人们从行为中去慢慢体味其中蕴含的感情。

事实上，和人交往取得成功的第一步，就在于你看待别人的方法以及你由此表现出来的态度。那些冷淡的批评和眼光、言语、只会挫伤别人。无论是孩子还是成人，名人还是乞丐，他们内心里都是如此渴望得到别人的承认，被人接受。为什么我们就不能抛开自己的惰性，自觉寻找他人行为中的优点，坦诚地向他人表示接受，把温暖的阳光给予别人呢？

让我们一起来学学这位银行家吧。有一个乞丐，他每天都坐在银行大门旁乞讨。银行家每天经过这里时，总要往乞丐面前投一些小钱，同时要一支乞丐脚下的铅笔，并说："你是一个商人呀！"突然有一天，乞丐不见了。银行家也逐渐淡忘了他。有一天，当银行家在一家酒店用餐时，旁边桌上走来一位西装笔挺的先生，激动地向银行家说："还记得我吗？"银行家定睛一看，是那个乞丐。"我现在已经是一个推销商了。我从推销铅笔开始，现在我推销各种各样的办公用品。谢谢你，是你教会了我自尊，让我意识到自己应该是一个商人。"

这位银行家是多么善于发现他人的优点啊。更为重要的是，他按照他所看到的优点，坦诚得像对待一个真正的商人那样接受乞丐，对待乞丐，让乞丐看到了自身的价值，感觉到自己的重要，从而彻底地改变了自己。如果没有银行家的重视与承认，乞丐很可能现在还坐在银行门口靠乞讨为生。

让我们一起来学学这位银行家吧！用态度、用语言来赞赏他人吧！让温暖的阳光照亮我们每个人的生活吧！

（2）赞赏的语言艺术。

人们都渴望被人重视，被人赞赏，被人需要。赞赏是社交活动中的“润滑剂”。如何在社交中适当地赞赏他人，已成为一个人社交成功的关键。那么，在社交中究竟应当怎样赞赏他人呢？

首先，应当养成赞赏他人的习惯。像前面所提到的那样，生活中很多人都没有赞赏他人的习惯，他们很少评论发生在自己周围的，令自己感到喜欢的行为。不少人更喜欢用挑剔、批评的眼光去看待别人。其实，只要我们把赞赏看成一件小事，对别人每一个细小的进步都表示赞赏，例如你的孩子认真完成了作业，考试取得了好成绩，帮助父母做家务；你的妻子做了可口的饭菜，穿了一套新衣服，换了一个新发型等等日常生活中的小事，那么，你就能养成赞赏他人的习惯，别人也会非常高兴地接受你。

其次，赞赏的语言要具体而真诚，赞赏的话语应当发自内心。当你真心诚意与人交往时，你应当真诚地去寻找他人的优点，不带丝毫勉强地表达你的赞赏。勉强的或凭空捏造的赞赏有可能会打动别人一时，但不能长久地打动别人，有时甚至会导致关系的恶化。同时，你最好不要对别人说一些诸如“你太好了”，“你真是个好人”之类的话，最好用具体明确的语言来表达。赞赏的语言越具体越明确，它的有效性就越高。你可以比较一下下面两种赞赏，哪一种更有效。

甲：“很感谢你仔细阅读了我的论文并提出了修改意见。我已经把原来没有考虑到的问题补充进去了。现在，我对修改后的文章十分满意。”

乙：“万分感谢你在百忙之中抽出时间来一览拙作。能得到你的指点，我感到三生有幸。你真是太好了。”

无疑，甲的赞赏比乙更有效。乙的赞赏尽管言辞华丽，评价甚高，但语言空洞、含糊，给人一种华而不实的感觉。相比之下，甲的赞赏语言真实，具体、明确，马上就能给人一种真诚的感觉。分析甲的赞赏语言，主要有三个部分：表明你所喜欢对方的某一优点或行为；这一优点或行为给了你什么样的感受或帮忙；你对对方这一优点或行为对自己的影响作用有何感受。

再次，要掌握几种常用的赞赏方法。针对不同的事情，不同的人物，不同的需要使用不同的赞赏方法。

①肯定赞赏法。

人人都渴望得到别人的赞赏。无论在事业上还是生活上他们都希望通过别人的赞赏来肯定自己。肯定赞赏法在日常生活中，特别是在一些特定的时刻，如成功地完成某件事，作品的发表，特殊的纪念日等更极具感染力，让被赞赏者终生难忘。

深圳市某酒店经理就非常善于运用肯定赞赏法。在接待由不少国家一流艺术家组成的 5 个艺术团体时，经理发表了一篇热情洋溢的欢迎词："世界上有两种富翁：一种是物质的富翁，一种是精神的富翁。诸位艺术家阁下是精神的富翁，你们拥有不能用金银珠宝来计算的精神财富。同是有良知的人们，不一定给物质的富翁鼓掌，但一定为造诣深厚的艺术家们鼓掌，这掌声就是你们的价值。我们非常倾慕你们的富有，倾慕于你们的价值，假如来世我再投生，我愿走进你们的行列，做一名光荣的艺术家……"全体艺术团员，为欢迎词报以长久的雷鸣般的掌声。后引用了诗句："世界确有真情在，人海茫茫有知音。"

②目标赞赏法。

渴望得到他人的赞赏是人性深处一个基本的特性。当你真心赞赏一个人的时候，你实际上使他更具有价值，更有成功感。因赞赏，人们会加倍努力；因赞赏，一些人确立了目标；因赞赏，更有人改变了人生的航向。目标赞赏法正是在于帮助人们树立一个目标，并鼓舞他们向着那一目标不懈地努力。

前面提到的银行家与乞丐的故事中，银行家就运用了目标赞赏法，为乞丐树立目标——做一个商人，使乞丐在他不断地赞赏中奋发起来，终于成为一个商人。

③反向赞赏法。

反向赞赏法与上面两种方法最大的差异在于被赞赏者的行为本来是应当受到批评和指责的。但是，批评和挑剔是人们最难以接受的方式，而且，无论怎样的批评，对于激发人们的干劲都是非常有害的。反向赞赏法的要诀就在于找出对方行为中值得赞赏的地方，给予肯定，对其错误则表示理解，不予评价。

美国某大公司开发出“肯定强化计划”，寻找每个员工的优点，加以肯定。这一计划在各部门实施，尤其是在三个营业额最低的分公司实施。两年后，这三个分公司的营业额从最低水平一跃而为最高水平。这是反向赞赏法产生的效果。如果成天批评那三个分公司的员工，结果会是什么样呢？也许它们现在还处在最低水平上呢。

总之，人与人，人与群体，群体与群体之间都是渴望相互交往。在社会交际中，他们不仅希望爱和归属的需要能得到满足，他们还希望别人能够尊重自己的人格，希望自己的能力和才华得到他人公正的承认和赞赏。而且，他们受尊重的需要一旦得到满足，就会成为持久的激励力量。

第三章

赢得下属的心，就能与他们打成一片

公司领导与下属的关系是鱼水难分、荣辱与共的。当领导的必须使自己赢得下属的拥护与合作，才能生存发展下去。与下属关系恶劣，就像走在沼泽里，无处可以用力，无处可以使劲。陷身其中，发号施令，无人响应，或者被下属阳奉阴违、敷衍了事、偷梁换柱，那么，目标任务无法开展实施，领导者个人的地位也就岌岌可危了。

任何时候都要严厉而不失公正

// 管理之要 //

因私害公的领导或经理，在下属眼中就跟掉了价的大白菜一样，毫无威信可言。

作为领导，要想得到下属的拥护首先要有公平公正之心，这不仅是领导艺术的必需，更是做人的起码道德。一个领导人做事是为公还是为私，是高尚还是低下的一个严肃考验，同时是搞好上下级关系，做好工作的一个起码条件。办事公平，说明他公正无私，大家就敬重他、信任他。这样，才有了让下属承认他的前提。

在某种意义上说，严厉是领导实现自己目标不可缺少的条件。如果领导者对一切事情都采取温和的态度，从不说一句严厉的话，那么部下会因此而怠工或偷懒，而且还会失去对领导的敬畏。因此，作为领导者，生生气、拍拍桌子，有时也是必需的，以树立自己的威严。

但是，过分的严厉并不适合现代人的感情，适当的严厉反而更有效果。因此，领导者平常应特别注意随时随地制造出使部下心情愉快的气氛来。出现问题时，在了解情况和缘由后，该批评的批评，该表扬的表扬。在温和中不失严厉，在公正中显示严厉。

对部下显示自己的权威，表现出漠不关心的态度是一种有效方法。

国外管理学研究者认为，现代社会中，居上者大可不必去仔细关心四周人的意见，而可依自己的想法行事。与此相反，居下者则必须经常对别人表示关心。因为居下者要经常去揣摩居上者的想法，以便使自己的行动符合居上者的要求，以免引起居上者的不快。

作为领导者，只要能适当地运用这种原理，即可有效地对下属显示自己的权威。比如，当部下有问题向作为上司的你请教时，你可以不必理会他的问题，而以自己为中心进行谈话。

“请问科长，关于明天接待客户的事情，您是否还有其他意见？”

“喔！这件事先不谈，上个月的预算怎么样？”

像这样情形，不论部下是否愿意，都会感到身为上司的你所具有的权威。当然，如果经常这么做，也会造成部下对你产生不信任感，故只能偶尔为之。

与下属交往有度，才能让下属信服你

// 管理之要 //

走得太近，看得太清，便容易被下属看轻。

孔子说:“临之以庄，是敬。”意思是说，领导者不要和下属过分亲密，要保持一定距离，给下属一个庄重的面孔，这样就可获得他们的尊敬。

与下属保持一定距离，具有许多独到的驾驭功能:

首先，可以避免下属之间的嫉妒和紧张。如果领导者与某些下属过分亲近，势必在下属之间引起嫉妒、紧张的情绪，从而人为地造成不安定的因素。

其次，与下属保持一定距离，可以减少下属对自己的恭维、奉承、送礼、行贿等行为。

第三，与下属过分亲近，可能使领导者对自己所喜欢的下属的认识失之公正，干扰用人原则。

第四，与下属保持一定的距离，可以树立并维护领导者的权威，因为“近则庸，疏则威。”

领导者可以一直以“与群众打成一片”的形象出现。这样下属可以比较自由地向其反映各种情绪，也可以流露一些情况，还可以在非正式的场合称呼随便点。但是，绝不允许他们没上下级观念，也不允许他们太过放肆。

得让下属清楚，领导永远是领导，无论领导多么和蔼可亲、多么平易近人，他也是为了更方便地开展各种工作、实施各项措施。领导艺术的高明、巧妙，只是从另一方面证明了他是一位领导的事实。让下属感觉到这一点，既利于自己决策的平稳展开，也在不知不觉中树立了领导者个人深入群众、深得人心，同时又有工作魄力、有业务能力的良好形象。从而为自己的仕途铺平了道路。这是领导者前进之路上最有效果的稳打稳扎的战术之一。

宽容大度是成大器的标志

// 管理之要 //

世界上没有一条真正笔直的路，也没有两片完全相同的树叶。就连所谓“纯金”，纯度也只有99.99％。

一个人，由于各种主、客观条件的限制，对任何事物的认识，总是相对的，不可能是绝对的；反应在思想作风、行为方式上，既有正确的一面，也有错误的一面；既有光明的一面，又有阴暗的一面；既有优点，又有缺点。所以，一个领导者一定要有宽容大度的胸怀。

俗话说：“将军额上能跑马，宰相肚里能撑船。”意为领导者应有宽容的气度和宽阔的胸怀，能宽容下属的细小过失，从而有利于调动一切积极因素。

古代曾有一则脍炙人口的“绝缨会”故事。故事的主人公是楚庄王。一次楚庄王举办宴会，大家吃得正高兴，忽然一阵风吹灭了蜡烛。在黑暗中，有人乘机牵王后的衣袖，被王后扯下冠带。王后请求查办，楚庄王却叫众人都取了冠带，才点燃蜡烛，继续尽情欢乐，没有查办很容易查办的人。他认为酒后失态是人之常情，不能因为这件小事伤害下属的心。后来，这个被宽待的人，在战场上特别勇敢，拼死效力，以报答绝缨会上的宽容之恩。后世有人作诗赞“绝缨会”：

暗中牵袂醉中情，玉手如风已绝缨；

尽说君王江海量，蓄鱼水忌十分情。

容忍部属，部属也能容忍你

//管理之要//

知人善用贵在“用”。因为没有天生就适合于从事工作的人，也没有一开始就能融合到自己工作习惯中的人。

爱才、容才、护才是优化心理机制的集中表现。由于爱才而容才，由容才而护才，这是经理人用人时必须经历的一个过程。而这个过程中，最关键的是容才。因为容才是开展工作中付诸行动的行为过程，它也是最主要的过程。只有在容才中才能培养人才。容才就是要以宽宏大量的胸怀来对待人才。这样，不仅能充分发挥人才的积极性和创造性，而且还能招引和挽留人才。

作为公司的领导者，经理人要真正地做到知人善用，必须学会“容才”。容忍人才是具有知人善用的用人能力的前提条件。

（1）容人之短

经理人用人时要用人之长，容人之短。事实证明，在选用人才时，凡是能宽容其短处而大胆用其长处的经理人，多能成就一番事业。

从古到今，很多容人之短的例子都说明了这个道理。春秋时代，齐桓公容管仲一箭之仇任之为相，遂有“九合诸侯，一匡天下”的霸业；唐朝初期，李世民不计前嫌，重用自己的“政敌”魏征以及其他贤才，得以开创“贞观之治”。美国南北战争时期，最初九年，林肯领导的北军虽然拥有人力物力上的绝大优势，却连吃败仗。后来林肯决定任命格兰特为总司令，但有人反对，说格兰特嗜酒贪杯。而林肯则说：“如果我知道他喜欢什么酒，倒应该送他几桶。”结果由于林肯用了格兰特而转败为胜。由此可见，有些才能出众的人，其缺点往往也突出，正所谓“有高峰必有深谷”。因此经理人在选人用人上，应该切忌求全责备。为此，也要具有用人不疑的胸怀，即选用一个人后，应该对其以诚相待，切忌猜疑。这是容人之短的一种深层表现。古语说得好：“疑人者，人未必有诈，已则先诈矣。”这样就会伤害人的自尊心，影响人的积极性和创造性，甚至会与经理人貌合神离，乃至发生变故。

（2）容人之才

经理人要善于容忍才能高于自己的人。人各有所长，又各有其短。作为公司的领导者，经理人的能力通常高于下属，但下属在某一方面的能力则可能超过经理人。如果能把某方面能力比自己强的人紧紧团结在身边，则经理人就具有了集各家之长于一身，自己离成功也就仅有一步之遥了。

刘邦所以成就帝业，就是因为他容人才高而善于用人。用他自己的话说则是：“夫运筹帷幄之中，决胜于千里之外，吾不如子房；镇国家，抚百姓，给馈饷，不绝粮道，吾不如萧何；连百万之军，战必胜，攻必取，吾不如韩信。此三者，皆人杰也，吾能用之，此吾所以能取天下也。”然而，在现实生活中，有的经理人却对能力超过自己的人不能容纳，认为这些人会使自己相形见绌，从而影响自己的威信，对自己的权力和中心地位构成威胁。其实，影响经理人威信的不在于善用能人，而正是在于有能人而不用。因为不用能人的经理人不仅被人视为心胸狭小，而且还被人视为无能。同时，对经理人构成威胁的也不在于有才能高的人，而正是在于没有或少有才能的人。《墨子·尚贤上》中说：“国有贤良之士众，则国家之治厚；贤良之士寡，则国家治薄。”这对于一个国家来说是如此，对于一个单位、一个公司来说也是如此。如果一个单位或公司的领导者，手下没有得力的人员，那么这个单位或公司是不会兴旺发达的。据此，经理人要想取得良好的领导绩效，就应该容人才高，把有能力的人团结在自己的周围，形成合力，共铸成功。

（3）容人之过

经理人要容许下属犯错。对于工作中的错误，每个人都在所难免。犯了错误，不一定是坏事，因为错误常常是正确的先导，正视错误可以使人变得聪明敏捷。而且，容人过错可以调动犯有过错的人的积极性。

在一些发达国家里，有的公司用人有一条规定，在经营中失利的人优先。看来，这种做法不无道理。西汉末年，一次更始帝巡视军营，一名裨将因违犯军规而被绑在辕门外等候问斩。许多将士求情赦免，更始帝不准。这时在更始帝身边的刘秀说了一句话：“使功不如使过，何不让他戴过立功呢？”更始帝沉思片刻，即令人松绑。后来这位裨将果然在作战中立了大功。这是合乎人们心理的。因为有过错的人往往比有功劳的人更容易接受困难的工作。并且容忍有过错的人本身，对有过错的人来说就是一种强大的激励力量，就足以使其一跃而起，创造出令人惊叹不已的成绩。特别是他们犯错误而受到社会歧视和冷落之后，其最大的愿望往往就是恢复自己的价值和尊严，重新获得社会的肯定，经理人一旦提供这种机会，能使其倍加感激经理人的尊重和信任，从而更会迸发出超乎常人的热情和干劲，完成常人难以完成的任务。

（4）容人之“犯”

经理人要学会容忍下属的批评，包括那些有损自己尊严的批评。在日常工作中，经理人往往会遇到下属一些观点直露、态度激动、言辞尖刻的批评。这些批评，可能令人紧张、反感、生气、发怒，但对经理人来说，这些却可能有好处，而且那些敢于批评的人中，不乏对经理人忠诚却秉性耿直、光明磊落者，还有善于思考，责任感强的人。从中国古代帝王的一些广为流传的佳话中可以得到深刻体现。

贞观四年，唐太宗李世民为了巡游而要大修乾元殿，忠臣张玄素便上书尖锐地批评他是“袭先王之弊”，“恐甚于炀帝远矣”。这种尖锐的批评，显然是对李世民有好处的，完全是出于一片忠心。对这种尖锐的批评，大凡贤明的君主均多深知其理，因此常能加以正确对待。李世民就是深知其理的，所以对张玄素以200匹绢帛赐之。汉光武帝刘秀也是如此。有一次刘秀打猎回来很晚，到正东门时城门已闭，刘秀便命侍从到城门前传旨，令守门官赶快开门接驾。但守门官郅恽坚决照章办事，拒不开门。刘秀只好绕道中门进了城。第二天，满朝对此哗然，认为郅恽竟无视皇帝尊严，非砍头不可。可是郅恽不但不惧，而且又上书皇帝，指出皇帝违犯夜禁令的错误，并讽谏皇帝“不分昼夜游猎行乐，是置国家的安危而不顾”。刘秀觉得郅恽在理，于是赐布百匹，以示奖赏。封建帝王尚能如此，现代组织的领导者就更应该像毛泽东同志说的那样：“因为我们是为人民服务的，所以，我们如果有缺点，就不怕别人批评指出。不管是什么人，谁向我们指出都行。只要你说的对，我们就改正。你说的办法对人民有好处，我们就照你的办。”何况是有才之士的“冒犯”，就更应该如此才是。

学会“释能”是聪明之举

// 管理之要 //

任何人才都并非不可代替，但合适的人才总是稀缺的。

用人要用得恰到好处是不容易的。但是，如果能把员工的潜能释放出来，用人自然轻松自如，而且常常会有想不到的收获。

（1）释能型用人机制的培养

深圳某电脑技术公司曾是一间很有冲劲的公司，人气最旺时有职员 80 人，具本科及以上学历。但该公司在产品研发成功后，还没等实现新产品的市场价值，其用人机制便出了问题：上级的集团公司将利益分配政策极度向市场推广部倾斜。受该政策的驱使，研发部职员纷纷改做市场推广，但许多人并非营销专才，所以业绩很差。结果，短短数月内公司人才流失了60%，从此，这里的人才优势、产品优势、研发优势全没了。

有管理智者总结道：成功的公司是“找对了人，用对了方法，做对了事”的公司。而若想取得持续性成功，这“三对”绝不是靠决策者神来之作或妙手偶得，而是由一套良好的机制来支撑。“找对了人”便基于良好的用人机制。

面对瞬息万变的市场，良好的机制都有一个共同点：有序但灵活。与大公司相比，小公司虽名微而势寡，但在“灵活”上，却容易做到比大公司更有优势，因为，一个公司即是一个系统，系统的要素越多，要素之间的相互关系数越呈指数型增长，从而大大增加了控制和协调的工作量，越不能灵活善变。

机制已成为经理人面前的一大难题。建立一套释能的用人机制已是刻不容缓。

释能型用人机制是一个配套的完整体系。它由以下的相关方面组成。

按业绩付酬制。目前那些完全以市场为导向的公司，已取消或部分取消了固定工资，而采用与业绩挂钩的弹性工资和灵活福利方案。这样，公司可以解决困扰它们的几个问题，如高额的固定成本工资，超过生产率增长速度的加薪，员工认为薪金即分内应得的心态等。有专家指出，按业绩付酬体系应该具有明确的目标、周详的考核标准、及时的回报等配套措施。

高待遇制。对有些人而言，挣钱是为了生存，对另一些人，钱是衡量自我价值的尺度。高出市平均价的薪金，哪怕只有一点点，亦会让员工感到公司对他们的器重。深圳一私企老总说：“‘利润分享员工’是我一贯的人才经营主张，我要让公司进入这样一种状态：员工努力工作，公司给以较高的回报，相应地，公司对员工的要求也更高了，员工在双重压力下，会更加拼搏为公司创造高效益。”

私人风险投资基金（股权）制。访美回来的华为技术公司总裁任正非说，在美国一些高科技公司内，由于该基金制的推动，使得一批一批志士如痴如狂地去苦苦追求成功。“多年来我接触了相当多的美国科技人员，由于一种机制的推动，非常多的人都十分敬业。这是一种十分普遍的现象而非个例。”但该机制的风险在于，如果公司的股票没有吸引力，员工资薪和福利方案中大量使用股票必会适得其反。另外，如果基金收益基于不现实的业绩标准，员工会认为是对他们的掠夺。

制度化与公平化。“不要问我，去问制度”是家庭公司台塑掌门人王永庆的名言。目前，许多新兴公司，尤其是家庭公司中，共同利益往往淹没个人利益或相反，亲情纽带高于资产纽带，家庭成员职工与一般雇员的关系亦不易理顺。这类公司迫切需要摆脱人制因素，实现制度化，尤其是制度面前人人平等管理，因为“公平”经常会取代薪金，成为人们努力工作的最基本动力。统一的业绩标准可以平衡人的心态，并避免工作量对一些人是惩罚，对另一些人则是美差。

人与岗位最佳匹配制。有经理称，破坏团队的并非个个都是害群之马，他们往往是不错的员工，只是没有适得其位或人尽其才。因此每种情况都应区别对待，并处之以公正。比如“天才型”员工胸藏机杼，工作游刃有余，应让他们参加特殊项目或做团队领导。“沉默型”员工则应安排与更自信积极的同事合作，或不断给予他们要求更高的工作，以改变其行为。而对于“不堪重任型”员工，除加强培训外，或将他们与

“大材小用型”员工搭配，或安排他们只做做辅助的工作。

轮职选拔机制。从现有员工中筛选出部分有潜质的员工在公司内轮职，在此过程中考察和培育个人的能力，以产生管理阶层的后备力量。日本一家酱汁厂的具体做法是，将每组表现最佳的三名员工选为轮职候选人，名字写在黑板上，抽签决定参加轮职的顺序。该公司总裁表示，这种选拔机制有两大优点，一是相对公平，二是大家都知道自己该向哪个方向努力。

授权管理。让员工有挑大梁的成就感可挖掘出员工的内在动力。每个人内心都有一种把工作做好的愿望，如果让员工在工作中有发言权、一定的决定权，他们便会更愿意像公司主一样承担商业风险，这样，大多数员工都会从一个凡人变成令人刮目相看的人。

令人有“知识安全感”的培训机制。公司的真正资产在人的头脑里，同时，给员工以“知识没有落伍”的安全感亦是公司的责任。人才培训制度应包括长远规划、中期“镀金”计划和短期“充电”计划，让员工不靠吃学校的老本过日子。不要害怕精心培育的人才会流失，实践证明，你给予的越多，员工越舍不得离开。

“自由化”工作方式。要强调结果，而不过多地强调过程。鼓励尊重不同风格，让人们知道，只要人人都始终保持高标准，他们解决问题的方式可以八仙过海，各显其能。

人才市场是对人才的评价、监督和筛选的一种社会化机制，它给人以不断晋升的可能和被取代的压力。任何人才都并非不可替代，但合适的人才总是稀缺的，同时，任何公司在人才上都免不了竞争者的袭击。现代公司用人的精妙之处在于如何打好人才市场这张牌。

（2）释放员工潜能的技巧

聚光原理讲的是同样能量的光如果作发散来使用，则只能用作照明，但当它聚集成朝着同一点发射的光束后，则威力足以穿越障碍。

人就如光一样。如果能把人的能量用聚光原理汇集起来，即引导员工朝一个重要的单一目标去努力，那就起到了释放员工潜能的作用。

经理人如何汲取这种能量来对自己的公司组织进行变革呢？答案就是："在决定如何在短期（现在）和长远（将来）这两方面改进员工的工作条件及其工作任务的实质时，把员工当作伙伴来对待。"

为了演示领导层和员工之间的这种伙伴关系，不妨设想一下自己置身于这样的一幅场景之中：当时你在应聘一份新工作，正在进行最关键的最后面试。面试一开始，你未来的老板便开门见山地讲道："我们非常高兴你能加入我们的队伍。但是，在最后确定聘用你之前，我们还想就你工作的一个重要方面一起来谈一谈。"

然后，这位高级经理微笑着对你说道："根据我们多年的经验，多数人都没有把自己的创造力和智慧全部用到工作之中。如果我们能够汲取这一部分员工个人自由控制的能量，并把它集中用以改进公司组织现有的运作或者未来设计，将会受益无穷。

"所以，在此我们每人都有两份工作。一份是'白天的工作'，即协助向顾客提供产品和服务。另一份是'变革工作'，为此你要从下面的两个团队中选择其中一个参加。

"第一个团队我们称之为'P 团队'，P 代表现在。P 团队的任务是改革我们现有的组织，以便我们能够更快地回答顾客。P 团队的工作重点在于改进。

“第二个团队是‘F 团队’。F 代表未来。F 团队的任务是创造未来，描绘未来的顾客和市场。其重点在于创新。公司让两个团队同时运作。我们认为，只有靠这两个团队的工作，我们才能实现成为世界一流公司组织的目标。我认为你可以为实现我们的这一目标出点力。”

当你还在沉思着这一些问题的时候，他递给你一张卡片并进一步解释道：“为了能够帮助你决定参加哪一个团队，你可以看看卡片上所罗列的一些问题，了解一下你自己的想法。”

什么更吸引你？是改进现状，还是创新？

你认为自己更像是维修工程师，还是建筑师？

你对什么更感兴趣，是把事情做对，还是做正确的事？

你更愿意听命行事，还是独立自主地行事？

你更注重短期效益，还是倾向于设计未来？

他接着做了进一步的说明：“每个问题你都选前项的话，说明你可能参加 P 团队。如果后一项更吸引你，你可能更愿意到 F 团队去。整体来讲，这两个团队是我们公司组织的耳目。实施这一个计划的目的就是为了更加切合实际地运用公司组织中每一个员工的智慧，推动公司组织的发展。这是一个激动人心的伙伴流程。”

你问道：“如何支持和协调两个团队的工作？”

“问得好。有两个分布在整个公司组织范围内的设计团队来推动这一伙伴流程的运行，”他回答道：“他们负责处理跨部门的问题。其中一个设计团队协调所有 P 团队的工作，另一个设计团队则协调 F 团队的工作。两个设计团队的成员既包括经理层的人员，也包括非经理层的人员，当中的每位成员都由员工亲自来提名。

“每个设计团队有两个职能：一是作为信息交换所，二是作为项目协调人。设计团队要保证由 F 团队和 P 团队分别提出的妙点子能够得到实施。”这往往需要 P 团队和 F 团队作出实施计划。由公司组织的高层管理人员组成的指导委员会负责监督设计团队的工作。该指导委员会的职责主要是在改进现状和设计未来之间保持平衡。

最后他说道：“情况大致如此。跟你谈话是件很愉快的事情，以后我们还会有机会再谈。不过，你只能参加一个团队，所以先花点时间好好考虑。”

以上所描述的只是一个开发公司组织内人员潜能的计划。能够在今后的几十年中兴旺发达的公司组织必定是具有这种调动员工潜能计划的公司组织。

显而易见，公司组织只要充分利用如下各项重要资源，就可以获得丰厚的利润：

将公司组织中员工的能量集中于一点，即让员工具有项目意识，这一种做法适合用于公司组织的变革流程当中。

给予员工自由选择的权利，可以作为让公司员工致力于企业组织变革流程的策略。（而不只是交给他们一个计划，他们只能表示同意或者不同意）

伙伴关系指的是充分利用人们与生俱来的愿望改进或创新他们自己的工作方式。

把这些观念综合在一起，就可以制定出一个宏伟计划：同时为公司组织的现在和未来而努力。但是做到这一切不需要经理人殚精竭思，只需把针对现在和未来的任务分配给不同的人群即可。

信任部属胜过怀疑部属

//管理之要//

信任不仅可以成为下属积极工作的动力，还可以让下属更觉得你可亲可敬，可以融洽你们之间的人际关系。

下属最明显的心理需求是得到领导的信任，领导有眼光，看重自己，下属就会有一种被承认、被肯定的满足感，并感念你的知遇之恩，定当肝脑涂地以报之，就会更积极更主动地投入工作之中。反之，下属则失去了存在感，往往会闹情绪、怠工找别扭，有时甚至跟领导唱反调。所以说，信任不仅可以成为下属积极工作的动力，还可以让下属更觉得你可亲可敬，可以融洽你们人际间的关系。

因此，身为领导，一定要引以为戒，切记：疑人不用，用人不疑。

刘备有一次被曹操追至当阳长阪，忙乱之间，有人来报说赵云已投奔曹操，刘备当即说：“赵云乃忠义之士，知交故友，此患难之际，必会忠贞不贰。”果然不久，赵云救回后主而归，流言被攻破。

这里体现的就是一种信任部属、团结部属的精神。部下为何要为你鞠躬尽瘁？正是因为你衷心欣赏他的才华，肯定他的努力奉献，把他视为兄弟朋友。作为领导，无故怀疑属下的才干或能力，实乃一大忌。

对属下信任，一来可以展示领导广阔的胸襟与忠实的人品，换取部下对你的信任与尊敬，二来可以作为一支兴奋剂，刺激部下竭尽全力，办好事情，因为谁也不愿在别人面前丢面子，显得自己很无能，得到了上司的信任，正是表现自己的绝好时机，谁也不愿放过。所以，一句信任的话，一个鼓励的眼神都是展示主管魅力、换取部下忠心的有效办法。

如何做到用人不疑，疑人不用。

（1）独具慧眼，选拔人才。

这里所说不要怀疑部下是指在你选定人员、派以职务之后，而非选人之初。选拔人才，必然要独具慧眼，多加考察，充分认识部下的各方面的素质，综合评估他的能力，给部下安排适合的职位。选好之后，才是你日后用人不疑的前提与保障，因此，选拔工作至关重要。

（2）选出人才，用人不疑。

对于你确信出色的部下，认为其能独当一面了，这时就让他们按自己的打算放手去干，不宜过多地干涉，否则有时善意的询问也会被部下误认为是对自己不信任，效果适得其反。不妨“难得糊涂”一次。

（3）设立监督机制与赏罚机制。

用人不疑，让部下放手去干，不是毫无章法的。设立监督机制，不能让部下借此机会为私谋利，设立赏罚机制，使他们为自己的行动方案负责，以督促他们谨慎行事。

总之，作为一名领导，信任是你网罗人心，推进上下关系的一大法宝，如果你选择出可以信赖之才，并对其充分信任，那么整个公司必是一片生机，关系融洽。

第四章

打出“责任感”这张强硬牌

不管你搞什么公司，想要成功，领导者必须创造一种使雇员能最有效地工作的环境，如果你在管理中损害他们的自由和自发感，而只让他们关心细节，那是不够的。你必须彻底地理解他们，不仅给予他们你所需要的东西，而且给予他们自己所需要的东西，才能使他们作出最大的贡献。

必须让下属参与管理

管理之要

让下属参与管理，把下属都看作有实力的选手，可以发挥他们潜在的活力。否则，你绝无忠实的助手。

不管你搞什么公司，想要成功，经营者必须创造一种使雇员能最有效地工作的环境，如果你在管理中损害他们的自由和自发感，而只让他们关心细节，那是不够的。你必须彻底地理解他们，不仅给予他们你所需要的东西，而且给予他们自己所需要的东西，才能使他们做出最大的贡献。

首先，专制的家长式管理方法已不合时宜，常会招人非议。但推行民主，也会流于开会多而做事少，浪费公司资源。最好的方法就是局部推行民主，所谓局部民主，就是管理阶层定出某些工作或决定，可以下放给下属，由他们成立委员会决定。

这样，一来可以减轻上级的工作量，也可以体现民主，让他们增加归属感，进一步发挥员工的自觉性和潜能。

当然，这些能让下属决定的工作，一定不具时间性，而且不能影响公司的既定工作方针。因为一旦民主化，自然人人有话说，所以不能决定一些紧急的事情。至于公司的大方向，当然不能让他们决定，因这是董事局的工作，而且也会有利益冲突。

那么怎样的事情可以民主方式决定？

让员工自决的，是一些福利问题，因这些关乎他们切身利益，他们会积极参与而又没有时间限制，对公司的影响又不大。

例如公司医疗福利；公司拨出的福利预算怎样使用、一些定期性的员工活动，甚至圣诞联欢会可让员工决定。这样既可以增加他们的归属感，也可以发挥他们的才智，一举两得。

放手让下属去干，就可以出成绩

// 管理之要 //

“给下属一条出路”，因为下属有了出路，就等于让他发挥了才能。

无论在哪一家公司里都有那么一两个管理者，他们的一切工作总是要由自己亲自去做，好像不自己做就不放心似的。话虽然这样说，但也不是完全不给部下分配工作，事实上只分配给部下单纯性的作业，而不分配给判断性的作业。

为什么不让部下进行判断性的工作呢？对这一质问的回答大概是

这样的：假如把判断性的作业分配给部下去做，出错该怎么办呢？结果，还是必须由自己承担这种错误，这样一来，不是要费二遍事吗？如果这样，从一开始就由自己去做，不是更保险一些、工作效率也可以提高吗？

这种说法好像也有一些道理，但站在最高负责人或部下的立场上，会怎样看待他们呢？“本来打算进一步提升他，可是他太不像话了。不可否认他对现任工作很熟练，可是他的工作方法有问题，好像自己不在场别人就无法工作似的，太骄傲自满了！培养部下，尤其是培养能够交班的部下是一件大事情。从长远观点来看，要提高效率就得培养部下，对于这一点他好像丝毫不懂似的。看来不能再让他这样下去了，一定要把他换下去，不然他的部下都将成为只会听命而不会思考的人了！”

上级这样看待他也是必然的。

另一方面，部下怎么想呢？最初听到了这样小声的议论：

“大概经理认为我们都是无能之辈，只能从事一些简单的工作吧！不，经理可能也不懂，或者不耐烦顾及我们？也可能他认为如果我们成为比他能力还高的人，他就会感到处境困难吧！”

也许有人认为部下没有必要说这些话，可是能听到这样的议论还算好的，等到逐渐习惯了，部下就会相信经理不是那么一种人，或者认为“听经理的吧！责任完全由经理来负，这样做工作我们也比较轻松。”如果到了这种程度，科里的工作就将毫无朝气了。这时，即使管理者认识到自己的过错，也为时已晚。对于经理来说，一方面完全失去了部下的信任，另一方面也会使得部下心情舒畅。

一切工作完全由自己来做的经理，无论是最高负责人还是部下都是不欢迎的。该让部下做的工作就让部下去做，这是经理本来应有的态度。尽管最终可能出现某些差错，或许会多少引起一些工作效率的下降，也要坚持这样做下去。

其实，经理本身也是那样锻炼过来的，为了提高工作能力，就必须下决心作出牺牲，付出一定的代价，使部下得到锻炼和提高。因为这样做，不仅能够提高自己在最高负责人和部下中的威信，而且还能按照计划把部下培养出来，对于经理具有极大的意义。难道你不这样认为吗？

这是一位公司经理，在管理方面任职很长一段时间后讲过的话：

“我认为管理者不能自己动手进行工作，当然，这里所谓的管理者，不是考虑其职位高低，而指的是能直接领导部下的人。但是最近则指的是没有部下的管理者或者是只有管理职务的人。”

有人认为，根据公司的情况，科长以上都属于管理职务，而股长或主任则不属于管理职务。具有这种奇怪想法的人虽然也是有的，但这样划分的职务在国际上完全不能通用。

刚才说管理者自己不要从事直接工作，但这也不意味着仅仅是监督部下而已。所谓管理者应该是部下能干的事自己不去干，要专心去干部下不能干的事。管理者必须时刻意识到自己应该干些什么工作。

例如，部下担任的工作遇到很大问题怎么也解决不了时，管理者要有效地利用过去的经验和能力，设法给他解决这个问题。或者，在洽谈贸易的最后阶段，亲自出马圆满结束洽谈，就是典型例子。总之，在关键时刻必须亲自动手。为此，就要很好理解工作的关键所在，并在重大的事物面前认清时机很好地加以处理。

从旁观者的角度来看，最可悲的管理者究竟是一些什么样的人呢？

首先是不大知道哪个部分是工作的要害或者是在什么时候会发生这样的问题。其次是即使知道要害问题，也不知道最好的处理方法是什么。尽管他们努力去工作，但抓不住要害问题也会偏离中心或导致失败。

相信“拧成一股绳”的作用

// 管理之要 //

揭示团体的共同利益，使员工达成共识，感到大家在一条船上，必须同舟共济。

在工作当中经理如果想要让部属团结一心，共同努力，团结互助，相互促进，形成一个友爱互助的氛围，那他就要善于揭示出团体的共同利益，从而让下属达成共识，为着共同的目标而奋斗。

以开车为例来说，首先要让车子发动。要让车子发动就得发动引擎，使汽车本身的力量能够发挥出来。引擎没有起动时，无论你如何擅长操作方向盘或离合器也是无法驱动的。

接下来要使引擎产生出来的能量变成力量与速度，平均地传送到车轮，才能使汽车起跑。

不过，此时若任由自由发挥，一定会造成横冲直撞，连车库都出不了。

这时候一定得操作方向盘、油门、刹车、离合器，适当地限制汽车的自由意志，朝着目的地前进。

即使有驾驶员操作的车子，也可能因为驾驶员的自由意志而引起交通事故，或是交通阻塞，这会使所有的车子都无法动弹，对周围的环境造成莫大的损害。有效地发挥领导力的方法也与此相同：

首先，得让组织内的个人能够愉快地发挥其所有能力，然后集结众人的能力，毫无耗损地集中于组织活动的目标上。为此就得对各人的自由意志加以一定程度的限制。

日本著名管理专家山本成二就提出，经理的要素有三:（1）人为;（2）目标的贯彻;（3）各自的自发行动。

所谓“人为”，意思是指附加于人的行动，“为了有效地发挥组织的力量，必须适当地限制部下的自由意志”。

经理必须明了，领导力就是建立在这种冷酷的事实之上，而且必须了解到，意志的自由不愿意受到限制，此乃人类的本能，所以应该尽可能减少这种限制，进而减少这种限制对部下产生的心理上的刺激。

因此，经理应该多运用积极的刺激，而不能用消极的刺激。甚至要使人类生理上动物本能的部分（大脑皮层的外侧），也能均衡地运作，以使部下不感到意志的自由受到限制的不愉快的感觉。

这一点，可以说是经理的领导成功与否的关键所在。

其具体的方法，就是要揭示团体的共同利益，使员工达成共识，感到大家在一条船上，必须同舟共济。

比如说，有的公司就让公司的业绩与员工的薪水成一定比例，这一来，员工们都想着要提高公司的业绩，使劳资双方都有共同的利益。

“通过揭示适当的共同利益，就可以使部下不会意识到意志自由方面的限制，也就排除了他们激发干劲的最大的障碍。”

结果是员工的干劲都被激发出来，这种迸发出来的力量，不只是原来力量的二倍、三倍而已，而是以二次方、三次方的方式在增加。这样一来，整个公司就可以发挥出爆炸性的威力！

提高员工的归属感

// 管理之要 //

抓住人才就是抓住了公司的命脉。人是根本，是创造力的源泉。

人才是公司的重要资源，尤其那些由公司一手训练出来的，更是花了公司不少宝贵时间，绝不应让其流走。

如何挽留员工？除加薪外又有什么方法？

员工外流，不外乎为名、为利、为争口气。为名者，希望职位上、名衔上有改善；为利者，更加简单，一切向钱看；争口气者，则不满上级的不公平对待，跳槽为求证明白己的能力。

为利者，公司可以增加其他额外福利，例如医疗、房屋津贴、交际津贴，甚至汽车津贴等。一来可以令员工的收入增加，二来也避免大幅加薪。

至于对付为名的员工，公司则要小心审察公司的结构，看看有什么方法可提高该员工的职衔，但又不用牵一发动全身。

至于争口气的员工，公司一定要弄清楚人事斗争的背后原因。如两方都不想得罪的，不妨把他调往另一个部门继续为公司效力。

除上述方法之外，还可以通过下列方法来提高员工的归属感。

（1）良好的工作环境；

（2）利润分享计划；

（3）享有选购公司产品的折扣及优先权；

（4）尽量采用内部升迁；

（5）特殊节日的礼物。

保持良好的劳资关系

// 管理之要 //

无论人事或劳务管理方面，皆采取专制手段，未曾尊重公司人员的意见，那么这样的劳资关系是不完美的。

此处所谓劳资关系与有无工会组织并无关系。参加工会组织的公司有些劳资关系良好，有些则显得势不两立，无工会组织的也有这两种形态。

劳资关系由于公司不同而有许多形态：

（1）专制型此种形态的经营者大多是大资本家，在他们认为：“我花钱雇你们来做事，因此工作的条件全以公司的意思来决定。”无论人事或劳务管理方面，皆采取专制手段，未曾尊重从业人员的意见。

（2）压制型从业人员有所要求时，在公司方面来说，只要认为不喜欢者，无论理由多充分，都认为不合情理，使用手段来压制。

（3）温情型这是家族公司的一种形态，即经营者是家长，从业人员为其家族，这种形态很注重福利设施。也注意从业人员的待遇，这种形态的劳资关系通常能维持得很好。

（4）斗争型此种形态的公司，不分从属，一有事就采取争抢的方式解决。

（5）协调型昔日公司也有主张劳资协调的，但当初的劳资协调是认为劳工应帮助经营者的说法，而非劳资双方以对等立场来协调，但此处所谓协调型是劳资双方以平等立场来合作的一种典型。

（6）民主型劳资双方以对等的立场来缔结协约，互相讨论劳资间的问题，用交涉的方法来解决问题。此种形态的公司大多设置工会组织，公司内倘无劳工组织，经营者若采取这种方针，也可成为如此的劳资关系形态。

在这许多形态中，我们最赞成民主型或协调型，因双方都存有善意，再加上温情就可使工作意志大为提高。但无论民主型或协调型，最要紧的还是要依靠劳资双方彼此互相信赖，因双方彼此若无法信任，常呈对立纠纷，一定使人欠缺工作意念。

让员工感到自己重要

// 管理之要 //

不管有多忙，经理人必须花时间让员工感到他是重要的，这对于员工保持积极的工作心态尤为重要。

相信每个人都有能力完成某些重要的事情，甚至有这种想法，我认为每个人都是重要的。管理人员应该对部属持这种看法，但这种态度是装不出来的，你必须真正相信每个人都是重要的才行。

这是基本的一课，你以前也许听过许多次，可是还是要提醒你，因为有太多商业人士在工作时都把它忘了。“生意就是生意，”他们说“你不必用那种方式来对待员工啊！使他们觉得重要并不是我的工作。”

他们完全错了！让员工觉得自己重要正是管理人员的工作——因为使员工觉得自己重要，会鼓舞他们有更好的工作表现。洛克菲勒就说过：“我会付更多的薪水给擅长处理事务的人。”高昂的士气是增进生产力的重要因素，优秀的管理人员应该不断地鼓励每一位部属，提高他们的自尊和士气。

管理人员如何使部属觉得自己重要呢？首先，是聆听他们的意见。让他们知道你尊重他们的想法，让他们有机会表达自己的意见。有这样一个故事，一家零售公司的老板告诉他的经理说：“你不可能告诉我任何我没想过的问题，所以除非我问你，什么也不要告诉我，明白吗？”想想那位经理丧失多少自尊，这必定浇熄了他所有的销售热忱，大大地影响他的表现。当一个人的自尊受挫时，活力也会降低。反之，当你让一个人觉得重要，他或她就会如走在九重天上——生气勃勃。

当人们被赋予责任时，他们也会觉得重要。但徒有责任没有权力会摧残一个人的自尊。你曾注意过一个小女孩第一次被派去照顾小弟弟的情形吗？她会兴奋异常，因为她获得了成人的地位。但如果她有责任照顾小弟弟，她也就应该有权力在小弟弟不乖时，要他早点上床睡觉。那位零售公司的老板不仅不聆听部属的意见，同时也剥夺部属做任何决策的权力。最后，那位经理由于失去自尊，便离开公司到另一家敌对的公司去了。在那儿，他不但有责任，也被赋予权力，他开始觉得自己很好，不断地提供创新的零售观念。由于他的贡献相当有价值，使他迅速爬升到比他原先老板还要高的地位。

下面的小例子会增强你的印象。

一位律师告诉我，他的事务所人员如何安排他们和当地银行的会议。这些午餐会原先是他的一位合伙人负责，他每次总是到附近的餐厅买冷盘，使得这家事务所未能留给当地银行深刻的印象。后来，有几位事务所的合伙人开始抱怨，于是几个礼拜之后，由一名女职员负责这项工作。她有权安排与另一家银行的午餐会，并有较高的预算。

在了解午餐会对事务所的重要性后，这名女职员深以担任此项工作为荣。于是，她前一天晚上便在家里准备了开胃小菜，并定了一些当天直接送到会议现场的热食。这名女职员成功地扮演了女主人的角色，和每一位参加午餐会的银行家寒暄致意。她之所以能将工作做得如此完美，正因为赋予她午餐会的重责大任，让她觉得自己很重要。那次会议十分成功，当时就接到多位银行家赞美精致午宴的贺条，不久之后，这家银行便开始将某些法律事务交给这家事务所处理了。

你要经常让部属知道你是多么赏识他们，这是对你的建议。没有不喜欢被赞美的人，如果你也认为如此，那你就应该经常表达你对他们的欣赏。甚至只是称赞准时上班，对方就知道你重视守时。“我认为那真是太好了，A，你每次都能在8点钟准时上班。我真佩服能守时的人。”对你的部属说这些话，你会发现他以后迟到的次数就更少了。或许，你喜欢某个人的礼节或绅士风度，每个人总有些可赞赏之处——就让他知道，不要藏在心里！

我们的一切都是第一流的，尽管很昂贵，却很值得，因为我们的人员会因此觉得重要。

一开始，我们就确定我们的员工要的是第一流的东西，如果那样东西实在太昂贵了，我们就干脆不用，也不会用二流的东西来替代。例如，我们一年举办一次高级的晚宴，而不举办两次普通的晚宴。为何如此呢？想想你到一流餐厅参加晚宴时的重要感，任何东西都是完美的安排，女主人热忱的招待，精心调制的点心等等，给予你满足感，实非二流的晚宴所能比拟的。

就如同一流的餐厅让顾客觉得重要一般，我们也尽量做许多努力，让员工有同样的感觉。如果他们无此种感觉，便是我们没有做好我们的工作。我想每位管理人员都必须记住那个看不见的讯号：让我觉得重要！

使员工觉得自己重要，不是说说而已，而是用一些技巧性手段来落实，以下是二十点小技巧，它能使员工充分感觉到自己的重要性。

（1）让每个人都了解自己的地位，不要忘记定期讲评他们的工作表现。

（2）给予奖赏，但奖赏要与成就相当。

（3）如有某种改变，应事先通知。员工如能先接到通知，工作效率一定比较高。

（4）让员工参与同他们切身有关的计划和决策。

（5）信任员工，赢得他们的忠诚和信赖。

（6）实地接触员工，了解他们的兴趣、习惯和敏感的事物。

（7）聆听属下的建议，要相信他们的能力。

（8）如果有人举止怪异，应该重视。

（9）尽可能委婉地让大家知道你的想法，没有人喜欢被蒙在鼓里。

（10）解释为什么要做某事，这样员工会把事情做得更好。

（11）万一你犯了错误，立刻承认，并且表示歉意；如果你推卸责任，责怪旁人，别人一定会瞧不起你。

（12）告诉员工他所承担职务的重要性，让他们有责任感。

（13）提出建设性的批评，批评要有理由，并找出改进的方法。

（14）在责备某人之前，先表扬他的优点，表示你只是希望能够帮助他。

（15）以身作则，树立好榜样。

（16）言行一致，不要让员工弄不清楚到底该做什么。

（17）把握住每一个机会，表明你以员工为骄傲，这样能使他们发挥最大的潜能。

（18）假如有人发牢骚，须赶紧找出他的不满之处。

（19）尽最大可能，安抚不满情绪，否则所有的人都会受到波及。

（20）支持你的员工，是你的权利和责任。

用“金眼”发掘身边人才

//管理之要//

公司的生命在于人力，而最大的人力来源，在于领导有效地发现所有下属的才智，使其各尽所能。

发掘人才是公司寻找人力资源的重要途径，公司领导应当关注这一点，因为发掘不了人才，就等于不能使用人才，就等于浪费人才。有时候，公司或办公室有一个重要的职务，但却找不到具备这项专长的合适的人，这时，作为领导你就要主动在下属中发掘需要的人才。

公司的生命在于人力，而最大的人力来源，在于领导有效地发现所有下属的才智，使其各尽所能。但是由于有些领导经常使用自己信得过的下属，而疏远那些尚待发现的人才，致使某些工作难以展开。甚至可能出现这种现象：“我没有能力完成这项工作，因为我缺乏这方面的才能。”有些下属，基于先入为主的观念，不喜欢新的挑战，而常会说出这种自暴自弃的话。问他原因，就会说：“公司领导从来就不让我独立地完成一些重要工作，只是随着别的有才能的人干这干那，充当下手而已。而我的才能，从来就没有被发现过，也从来就没有验证过，所以我失去了挑战自我的信心。”其实，这不足以构成理由，但是说明了人才需要发掘的道理。假如公司主管不会发掘人才，是一种盲目管理，那么怎样避免这种现象的发生呢？

（1）主管要先了解部属的优点、特长，考虑如何能使他发挥最大的才能。

公司主管应该敏锐地发现下属潜在的才能，并且不灰心、不气馁地帮助他发展才能。如果具备了这样的精神，或许别人认为平凡或一般水准以下的人，也有可能产生非凡的能力，这是多数人预料不到的。因此做主管的，一定要认真地做这项努力。即使不能达到预期的效果也无妨，最起码和过去相比较，很显然他会有所进步，而这种成长的过程，对他个人来说，是一种精神上的财产，而对身为主管的人而言，也是一种莫大的喜悦。

某大公司的总经理，向来以擅长发掘人才闻名，他说："人的性格是表里合一的，外在行事大胆，个性就暴躁易怒，而表面细腻紧密，内在就很神经质。我在任用部属时，就观察他表面的长处，尽可能发掘长处，而包容短处，因为短处往往也可反过来成为长处。"

（2）公司主管要发现人才，必须根据所要做工作的特性，来寻找合适的人选，可以先多挑选几个人，然后再从不同的方面加以精选，或者组成一个协作团体，使他们的才能组合起来，构成整体，从而符合"三个臭皮匠顶一个诸葛亮"的用人原则。这就是说，发现人才实际上是对下属工作能力的评估过程。

发掘人才，既需要眼光，也需要耐心，二者缺一不可。一个不善于发掘人才的公司领导，只能埋没人才，给公司带来经济损失。因此，发掘人才是体现公司领导眼力和能力的标志之一，不应漠视。

第五章

相信干劲都是被激励出来的

公司是一个复杂的体系，管理也涉及方方面面的内容。据经验而言，管理无小事，许多管理都是直接或间接和员工相关的。从这个角度可以看出建立以员工为中心的激励系统是多么重要。俗话说“工欲善其事必先利其器”，而管理制度中的激励系统则正是领导者协调和管理公司各种关系的利器。

诱导比强迫更有效

// 管理之要 //

“好的管理人应坦然接受解释”。给他五分钟时间，仔细聆听，然后告诉他问题所在及解决的办法。

说服比强迫好得多。

利用诱导激励员工、子女，比强制好得多。强迫被激励者做事不是好办法，效果绝对比不上诱导。请求比命令更容易达到目的。

某纺织厂工作绩效很差，虽然按件计酬，产量就是无法提高。经理尝试用威胁、强迫的方式影响员工，仍然无效。

该厂请了一位专家来处理这个问题。专家将员工分为两组：告诉第一组员工，如果他们的产量达不到要求会被开除；告诉第二组员工，他们的工作有问题，他要求每个人帮忙找出问题在哪里。

结果第一组员工的产量不断下降，压力升高时，有的员工辞职不干了；第二组员工的士气却很快提高，他们依照自己的方式去做，负起增加产量的全部责任。由于齐心协力，经常有创见。单单第一个月，产量就提高了 20%。这种效果完全是诱导造成的。

对待子女和学生的道理也一样，强迫的效果总是很差。往往你强迫他往东，他却偏偏往西。

“尊尼，如果你在晚餐前不将房间清理好，晚上不准吃饭。”尊尼会不高兴，也可能东摸摸西弄弄，到了吃晚餐的时候，仍然没有清理房间。母亲怎么办？亲自帮他清理房间，还是大发慈悲：“好，我让你吃晚餐，但是上床睡觉时，你必须将房间清理好。”

无论如何，强迫总不是好办法，只有诱导才能有效激励被激励者，利用地位的影响力不会持久，唯有出自真诚的爱、仁慈、谦逊，影响力才会持久。

洞察员工内心究竟想什么

// 管理之要 //

成功的领导者关注成员的个人目标，洞察其深层次基础，运用充分的倾听、征询、尊重、说服及个人魅力等等能力和技巧，从而将个人目标转化为群体目标。

洞察员工内心，找出真正能激励员工的因素。到底什么因素能真正激励人？我们现在要探讨真正深入员工内心的激励因素，而非表面的激励因素。

这个问题很难回答，只观察表面，往往得到错误的答案。拿这个问题问员工，他们可能也不知道答案；即使知道，可能也很难说清楚。

“客观观察”是唯一找出激励员工因素的正确之道。仔细观察他做的选择，就会了解他主要的需要与关切。

（1）选择的指标

人的行为和他如何看自己相当一致。人在早期生活中会形成自我形象，他做的选择都和自我形象一致，仔细观察人做的选择，会发现这些选择有一致的形式，透过这种一致的形式，就能了解他主要的需要和关切，这些就是他生活中的主要激励因素。

一言一行、发型服饰、礼仪态度代表人的选择。

选用牙膏，整洁与否，选择住宅、汽车、工作，甚至握手也代表人的选择。

了解人的选择，就知道如何了解这个人。收集人的资料是了解人的第一步，很快你就会发现这些资料有一定的形式，这个开端告诉你如何激励他。

（2）什么因素促使人行动

我认识一个非常自卑的经理，她总是觉得别人在威胁她。她处处居功，充分表现了她缺乏安全感。她常常压低别人，抬高自己的身价，从来不让别人分享成功的果实，而且将办公室搬到董事长办公室的隔壁。

她十分官僚，将所有人都当成自己成功的垫脚石，谁要是不合她的意思，很快便会被调职或开除。

和她一起工作的人都懒得追究她为什么如此，只是轻率地论断：她是个疯狂追求权力的人。如果多花点时间观察，他们会发现：原来她很自卑。

观察小孩子做的选择，父母和老师可以了解他们内心真正的需要与关切，进而有效地激励他们。如果青少年做下面的选择。

①穿着邋遢。

②不作功课。

③迷上电动玩具。

④成天和类似的伙伴混在一起。

从上面的选择我们便会了解：他在乎朋友群体的看法，他愿意做任何事情，以获得朋友群体的认可。

了解被激励者的内心，就知道怎么激励他。因此透过朋友群体影响青少年是最好的办法。

某员工在某大公司服务，非常缺乏安全感（这种情形相当普遍）。组织的任何改变对他而言都是一种威胁。经理不了解他，认为他懒惰、顽固，于是威胁他并不断施加压力。结果使他更没有安全感。

如果经理客观观察他做的选择：他总是穿同样的衣服，生活一成不变，重复同样的笑话，排斥任何工作程序的改变，从来不搬家，只和固定的朋友来往……经理将得到下面的结论：他因为缺乏安全感而拒绝改变，激励他的最佳办法就是增加他的安全感。

（3）客观的答案

观察被激励者做的选择，可以了解他的行为形式，根据被激励者的行为形式，可以有效地激励他。了解被激励者行为的原动力，就能针对症结激励他。下面是个实例：

新英格兰某教堂外表剥落不堪，极需要油漆。牧师征召6名教友完成这项任务，结果没有一个人愿意工作，牧师于是将教堂的外表划分为6个区域，每个区域用斗大的字漆上6个教友的名字。这6个教友为了保护自己的名誉，以最快的速度完成了分配的工作。

随时让激励成为激素

// 管理之要 //

领导的奥妙在于如何“激励”部属，鼓舞他们为自己和组织奋斗不懈。

当今社会，诱惑太多，你的下属很容易对工作失去兴趣，失去热情，造成工作效率降低；这时，你必须想办法激起他的干劲，否则长此以往，公司不垮台才怪！

员工不好好表现的原因，主要在缺乏适当的激励。对领导者而言，激励即使不是一种口头禅，也往往由于误解激励而采用了无效的方式。

领导者不了解激励的真义，没有花时间深入探讨激励的本质，只是嘴巴上说说，而缺乏真正的有效措施。这种空口说白话的激励，实际上不能激励员工好好地表现。

有些人认为刺激、鼓舞或开一些空头支票来描述未来的远景，便等于激励。有些人以为诚恳或坦诚就是激励，于是把这些与激励有关的东西当做激励看待，结果也没有适当的激励。更有些人用施加压力来激励，短暂地提高绩效，便自以为得计。

当然，也有些人知而不行，认为不激励又如何？不料缺乏激励，员工便不好好表现，以致绩效不佳。

绩效不佳的理由很多，包括组织、制度以及管理等方面的诸多问题。然而，大家很容易一下子便把责任推给“沟通不良”或“士气不振”。其中士气不振又联想到缺乏激励，所以缺乏激励成为群相指责的对象之一。

“不激励不行”似乎是一种趋势，因为大家公认激励是一种有效的驱策力，可以激发员工努力工作，尽量好好地表现。不激励的主管，部属懒洋洋，主管自己也不好受。

缺乏激励可能产生的不良现象，例如士气低落；员工流动率过大；彼此之间漠不关心，没有人情味；大家厌烦工作，生产力降低；不用心、不专心，到处制造浪费；一动不如一静，抵制革新；种种因素加在一起，就造成绩效不佳的可怕结果。

有位专家将“激励”比喻成一把宝刀，有刀刃，也有刀背，用得正确，用对地方，用对时机，效果很好，反之则可能伤到自己，危及组织。因此，领导者更需保持着恭敬虔诚的态度，用心学习正确的激励之道。

“激励”部属的第一课，是你自己首先要建立一套正确的激励理念：

（1）部属的动机是可以驱动的；

（2）绝大多数的部属会喜欢自己的工作；

（3）部属都期望把工作做好、做对，而不存心犯错；

（4）每位部属对需求的满足有完全不同的期待；

（5）部属愿意自我调适，产生合理的行为；

（6）金钱有相当程度的激励作用；

（7）让部属觉得重要无比也是一种激励手段；

（8）激励可以产生大于个体运作效果的绩效。

总而言之，不激励的确不行，有时候，激励是公司领导给员工注入的“兴奋剂”。

激励要有分寸，不能过了头

// 管理之要 //

激励仅仅是领导使用下属的一种方法，而不是万灵药，不可能没有任何副作用。

激励要有分寸，有节制，不要走向极端过了头，反而过犹不及，失去效果。况且，激励仅仅是领导使用下属的一种方法，而不是万灵药，更不会没有任何副作用。

从某种意义上说，激励是一种兴奋剂。即是兴奋剂，就必然带来一些负作用，就不能当糖吃。那么，在进行激励的时候，哪些是“服药须知”呢？

（1）激励不可任意开先例。

激励固然不可墨守成规，却应该权宜应变，以求制宜。然而，激励最怕任意树立先例，所谓善门难开，恐怕以后大家跟进，招致无以为继，那就悔不当初了。

主管为了表示自己有魄力，未经深思熟虑，就慨然应允。话说出口，又碍于情面，认为不便失信于人，因此明知有些不对，也会将错就错，因而铸成更大的错误。

有魄力并非信口胡说，有魄力是指既然决定，就要坚持到底。所以决定之前，必须慎思明辨，才不会弄得自己下不了台。主管喜欢任意开例，部属就会制造一些情况，让主管不知不觉中落入圈套。兴奋中满口答应，事后悔恨不已。

任何人都不可以任意树立先例，这是培养制度化观念，确立守法精神的第一步。求新求变，应该遵守合法程序。

（2）激励不可一阵风。

许多人喜欢用运动的方式来激励。形成一阵风，吹过就算了。一番热闹光景，转瞬成空。不论什么礼貌运动、清洁运动、以厂为家运动、意见建议运动、品质改善运动，都是形式。而形式化的东西，对中国人来说，最没有效用。

中国人注重实质，唯有在平常状态中去激励，使大家养成习惯，才能蔚为风气，而保持下去。

（3）激励不可趁机大张旗鼓。

好不容易拿一些钱出来激励，就要弄得热热闹闹，让大家全都知道，花钱才有代价，这种大张旗鼓地心理，常常造成激励的反效果。

（4）激励不可显得鬼鬼祟祟。

激励固然不可大张旗鼓，惹得不相关的人反感。激励也不可以偷偷摸摸，让第三者觉得鬼鬼祟祟，怀疑是否有见不得人的勾当。

主管把部属请进去，关起门来密谈一小时，对这位部属大加激励。门外的其他部属，看在眼里，纳闷在心里。有什么大不了的事，需要如此神秘？因而流言四起，有何好处？

许多人在一起，主管偏要用家乡话和某一部属对谈；或者和某一部属交头接耳，好像有天大的秘密似的。其的人看他们如此偷偷摸摸，会不会产生反感？

不公开可以，守秘密也可以，就是不必偷偷摸摸，令人起疑。暗中的激励，我们并不反对，但是神秘兮兮，只有反效果，不可不慎重避免。

（5）激励不可偏离公司目标。

凡是偏离公司目标的行为，不可给予激励，以免这种偏向力或离心力愈来愈大。主管激励部属必须促使部属自我调适，把自己的心力朝向公司目标，做好应做的工作。

主管若有激励偏离目标的行为，大家就会认定主管喜欢为所欲为，因而用心揣摩主管的心意，全力讨好，以期获致若干好处。一旦形成风气，便是小人得意的局面，对整体目标的达成，必定有所伤害。

目标是激励的共同标准，这样才有公正可言。所有激励都不偏离目标，至少证明主管并无私心，不是由于个人的喜爱而给予激励，尽量做到人尽其才。偏离目标的行为，不但不予激励，反而应该促其改变，亦即努力导向公司目标，以期群策群力，有志一同。

（6）激励不可忽略有效沟通。

激励必须通过适当沟通，才能互通心声，产生良好的感应。例如公司有意奖赏某甲，若是不征求某甲的意见，便决定送他一部电视机。不料一周前某甲刚好买了一部，虽然说好可以向指定厂商交换其他家电制品，也造成某甲许多不便。公司如果事先透过适当人员，征询某甲的看法，或许他正需要一台电动刮胡刀，那么公司顺着他的希望给予奖品，某甲必然更加振奋。

沟通时最好顾虑第三者的心情，不要无意触怒其他的人。例如对某乙表示太多关心，可能会引起某丙、某丁的不平。所以个别或集体沟通，要仔细选定方式，并且考虑适当的中介人，以免节外生枝，引出一些不必要的后遗症，减低了激励的效果。

上述有关激励的六大原则，身为领导者必须牢牢记住！

搞活激励机制，公司就能活起来

//管理之要//

有位专家将“激励”比喻成一把宝刀，有刀刃，也有刀背，用得正确，用对地方，用对时机，效果很好，反之则可能伤到自己，危及组织。

激励是一门艺术。作为一个领导者，应当学会用艺术的方法对下属进行激励：

（1）明暗分开

激励可公开进行或暗中交易，两者都以正当而合理为适宜。暗中激励不失正当，才是正途。

凡是大家看法想法一致，不易引起众人反感，可公开激励，目的在获得大家的良好的回应，以扩大影响。若是见仁见智互异，而又非奖赏不可，便暗中进行，以减少误解或不满。有些行为，例如维护公司信誉而与外人打架，应该私下感谢，以防群起仿效。

普遍性的，可公开实施。特殊性的，除非众所公认，否则以暗中为宜。牵涉到个人荣誉的，私下激励；单位或团体荣誉，公开表扬。有关苦劳的奖赏，大家差不多，公开。有关功劳的奖赏，彼此相差颇大，最好暗中给予维护较差者的面子，激励其下次努力赶上。公开等于撕破脸，用“无所谓”来因应，就失去激励作用。

（2）公私分明。

公家的金钱，做自己的人情，这是一种明得暗失的算盘。受惠的人，一方面感激，一方面有样学样，公私不分明。其他的人，看在眼里却怨在心里，既然是公家的钱。为什么不索性多花一些，连我也照顾在内?

激励者存心接受回馈，当然施恩望报。这种私相授受的激励，不可能真诚持久。必须心中没有施恩的念头，更不希望个人获得任何报答，才有实效。既然如此，就用不着假公济私，以致公私混乱，甚至以私害公。

私人的事宜应该明说，花用自己的钱也要表明。不必垫私钱办公事，否则也是公私不分明。私人恩怨不能公报，私人请托不能利用职权，更不可以存心勾结以图谋私利，因为公私不分的激励，到头来必然公私两蒙其害。

（3）顺逆分清。

请将不如激将，有时逆向的激励效果更为宏大。不过完全逆向，也不见得有效。顺逆之间，必须小心衡量。

有些人顺着请他帮忙，他会推三阻四，勉强答应，也似有天大人情。最好用反激的方法，故意把问题说得十分困难，暗示非他能力所能胜任，激他毅然自告奋勇。

有些人老于世故，便要顺着激励。先说明他的长外，以引起知遇之感，再表示借重他的才华，请他不必顾虑太多，他就会朝气勃发，鼎力相助。

关系很重要，交情不够不宜随便逆取。够交情，好像顺逆都能奏效。不过看场合、看情况、配合着考虑，该顺即顺，应逆即逆，求其效果最佳，而且后遗症最小。以自己的优势力来攻破对方的弱点。则顺逆皆有所宜。

（4）刚柔并济

用刚硬的方式来激励，多半建立在利害的基础上面。以柔软的方式来激励，则偏重于情谊。拿情谊做出发点来实施激励，效果较佳。所谓柔能克刚，正是此理。

柔不表示胆怯怕事，也不是推、拖、拉、敷衍了事。柔是用真诚的爱心来感应，使对方从柔中发出一股强烈的意愿，自己奋发有为。

刚是一种果敢的作为，具有短时间的爆发力，当做非常的手段，比较有利。刚硬之后，如果再以柔软来安抚，更能得人心。不可存心杀一儆百，因为人心惶恐，并没有好处。应当处罚到什么程度，若是难以判断，最好从轻。应当赏到什么程度，假若难以判断，最好从优。若非证据确凿，宁可从轻发落，不宜轻率冤枉。刚柔并济，所重不在惩罚，而在教化。

（5）动静并重。

动静不是两种相反的状态，而是从此互相过渡的。动中含有静态；胸中也有动态。活动过程多半比较引人注意，而活动前后的企划、准备及沟通、协调，则容易被忽略。激励者不可由于自己看得见的动态便加以重视，却对自己看不见的静态予以轻忽，以免厚此薄彼，招致不满。

对于动态的激励，必须掌握时机，把握重点，以配合活动的进行。静态的激励，可以定期或不定期在结束或过程中，指定专人或由某些人交互实施。无论动态、静态，都要给予合理的激励，使大家明白动态、静态各有其贡献，并无轻重之分，因而分别努力，共同朝向目标。

动态应注意机动配合，静态要普遍照应。前者重在时机，后者重在人员。动静都要掌握人心，所以力求合理。

（6）大小并重。

大小兼顾，才能够赏罚平衡，做到赏当其功，罚当其罪的地步。罚要向上追究，不论地位如何高贵，有过失就不能掩饰或开脱。赏应普遍推及基层，地位再低微，有功就不能忽视或遗漏。大小并重，赏罚明快，才具有激励效果。

大功劳要隆重，以示礼遇。小功劳也要重视，因为轻忽小功，大家就会希望夺取大功，以致小问题乏人注意，势必酿成大祸害。大事应予特别奖励；小事也宜合理奖赏。职位高的，固然要礼待他；职位低的，更不宜轻视他，以免引起反感。一大堆人受奖，要大场面，大家一起接受激励；少数人或单独一人，不妨视实际情况，或公开或个别给予激励。

在手腕高明的领导者眼里，激励实在是一门绝妙的艺术，玩之于心，用之于行，无不赏心悦目！

学会特殊激励技巧的运用

// 管理之要 //

有时常规激励手段不能生效时，采用特殊激励技巧能取得好效果。

激励手段因人而异，激励方式的选择也有一定的环境，有时候常规激励手段不能生效时采用特殊激励技术能取得好的效果。

（1）金钱

当我们在前面讨论胡萝卜和大棒时，金钱作为一种激励因素是永远也不能忽视的。无论采取工资的形式，计件工资（按一定质量水平生产的件数所取得的报酬）或任何其他鼓励性报酬、奖金、优先认股权、公司支付的保险金，或因作用成绩而给予人们的其他东西等形式，金钱总是重要的因素。而且，正如某些作者所指出的那样，金钱往往有比金钱本身更多的价值。它也可能意味着地位或权力。

经济学家和绝大多数经理人倾向于金钱放在高于其他激励因素的地位。然而行为科学家则倾向于把金钱放在次要地位。也许这两种看法都是不正确的。但如果要使金钱能够成为和应该成为一种激励因素，则经理人必须记住下面几件事。

第一，金钱，作为金钱，对那些在扶养一个家庭的人来说要比那些已经“功成名就”的、在金钱的需要方面已不再是那么迫切的人，就要重要得多。金钱是获得最低生活标准的主要手段，显然这种最低标准随着人们日益富裕而有提高的趋势。例如，一个人过去曾满足于一套小住房和一辆廉价汽车，可能现在却要有一所又大又舒服的房子和一辆豪华的轿车才能使他得到同样的满意。即使在这些方面，我们也不能一概而论。对于某些人来说，金钱总是极端重要的，而对另外一些人可能从来就不那么看重。

第二，在大多数工商业和其他企、事业单位中，金钱实际上是用来作为保持一个组织机构配备足够人员的手段，而并不作为主要的激励因素，这可能是十分正确的，各种公司在他们的行业和他们的地区范围内使工资和奖金具有竞争性，以便吸引和留住他们的职工。

第三，金钱作为一种激励因素，由于采取了确保一个公司内部各类主管人员的薪金适当平衡的做法，往往多少有点减弱。换句话说，我们常常十分注意于确保人们在相应级别上可以得到相同的或大体相同的报酬。这是可以理解的，因为人们通常参照同他们地位相当的人的收入来评价他们的报酬。

第四，如果要使金钱成为一种有效的激励因素，在各种职业上的人们，即使级别相当，但给予他们的薪水和奖金必须能反映出他们个人的工作业绩。也许我们不得不认可比工资和薪金的办法，但一个管理良好的公司绝不要求对相同的业务在奖金方面加以限制。实际上很明显，除非主管人员的奖金是根据个人业绩来发给，否则公司尽管支付了奖金，对他们也不会有很大的激励。要保证金钱作为对完成任务的报酬，而且作为由于完成任务而给人们满意的一种手段是具有意义的一种方法，就是尽可能根据业绩进行报偿。

金钱只有当预期得到的报酬与目前个人收入相比差距较大时，才能起到激励作用。问题是很多公司增加了工资和薪水，甚至支付了奖金，但没有达到足以激励这些接受者的程度。它们可能免于使人产生不满和不致另外去找工作，但如果达不到足以使人感觉到有相当大的差距，金钱便不会成为一种强有力的激励因素。

（2）参与

作为激励理论和研究的结果而受到强有力支持的一种方法，就是职工参与管理。这一方法日益得到人们的认识和运用，毫无疑问，很少有人参与商讨和自己有关的行为（参与行动）而不受激励的。也不会有人怀疑：在一个工作中心里的大多数人是既知道问题之所在，又知道如何解决问题的办法。因此，让职工恰当地参与管理，既能激励职工，又能为公司的成功获得有价值的知识。

参与也是一种赏识的手段。它能满足归属的需要和受人赞赏的需要。尤其是，它给人以一种成就感。但是鼓励职工参与管理不应该意味着主管人员削弱他们的职守。虽然他们鼓励下属人员参与一些以后能有帮助的事情，并且虽然他们仔细地听取下属的意见，但对那些需要他们来决策的事情，仍然必须由他们自己来决定。最好的下属人员不会以任何方式干预上级，并且几乎没有下属人员会对空洞无味的上级产生尊敬。

（3）工作生活的质量

一种最有趣的激励方法是工作生活的质量计划，它是一种职务设计的系统方法，而且在工作丰富化的广阔园地里，很有希望发展。它同社会技术系统的管理方法的基础结合在一起。工作生活的质量不仅是一种很广泛的工作丰富化的方法，而且也是一种内部纪律方面的探究与活动，结合着工业的和组织的心理学和社会学、工业工程、组织理论与发展、激励与领导理论以及工业关系等。虽然工作生活的质量仅在 70 年代才崭露头角，但现在已有数以百计的安全研究和实践规划，并且主要在美国、英国等一些国家成立了许多工作生活的质量中心。

工作生活的质量已经从许多方面受到热烈的支持。主管人员认为它是处理生产停滞的一种很有希望的方法，特别在美国和欧洲更是如此。工人和工会代表们也认为它是改善工作条件和提高生产率的一种手段，并且是确定较高工资的一种恰当方法。工作生活的质量对政府机关也有吸引力，认为它可以作为提高生产率和降低通货膨胀的一种手段，并作为达到工业民主和使劳资争端减至最低程度的一种方法。

无疑，工作生活的质量，可能具有如此重要的效益，所以传播得很快，尤其在我们一些较大的公司里更是如此。采用工作生活质量计划的先驱，如通用汽车公司、普罗克特——甘布尔公司、美国铝业和美国电话电报公司等都是这样一些管理良好的公司，也就不足为奇了。

第六章 在合作中一步一步打拼天下

把同行的多家公司联合起来，组建一个利益共同体，其必要性也许大家都知道，那么公司领导怎么去说服对方，让对方愿意与你合作呢？如果分析一下，这个道理看似复杂其实又很简单，因为大家的目标是一致的——即为本公司谋利益，作为发起人，你就应在这方面把文章做好。

让对方觉得你行

// 管理之要 //

说服工作必须能给对方开出一张光明的“保票”，使对方对接受你的意见定会获利的光明前途深信不疑。

把同行的多家公司联合起来，组建一个利益共同体，其必要性也许大家都知道，那么你怎么去说服对方，让对方愿意与你合作呢？如果分析一下，这个道理看似复杂其实又很简单，因为大家的目标是一致的——即为本公司谋利益，作为发起人，你就应在这方面把文章做好。比如，在合作谈判的过程中要强调互相合作、互惠互利的可能性、现实性、紧迫性，引起对方感情的共鸣，激发对方在自身利益认同的基础上来接纳你的意见和建议。同时，强调彼此利益的一致性，用对方利益或共同感兴趣的问题为跳板，因势利导，解开对方思想的纽结，在取得对方思想上的共识后，还必须对你的合作伙伴开一张“保票”。为什么？每个人都有趋利避害的心理，在你说服他们的时候，他们一定会在考虑：如果接受合作的建议，能否为己方带来利益？能带来多大利益？如果说服中不能让你的伙伴解开这个疑团，说服工作便会失败。公司间谈判不是宗教信仰，只讲奉献，不讲索取，因此说服工作必须能给对方开出一张光明的“保票”，使对方对接受你的意见定会获利的光明前途深信不疑。

以上所述是争取合作伙伴过程中应掌握的谈判技巧，但在实际性的商业谈判中仅有这些是远远不够的，因为谈判时，双方都会对对方的情况进行考察或调查，所以，作为发起人你还必须把自己公司的整体形象拿出来，让你的合作者相信你有实力、有诚意、有信誉，合作起来有意义，也只有这样，才会行之更有效。

用诚意寻找合作伙伴

// 管理之要 //

在合作伙伴面前，充分表现你的诚意，用语言、行动去打动对方，使对方与你的行动协调一致，为达到成功的彼岸而真诚合作。

在建立利益共同体时，为了争取到满意的必需的合作伙伴，你还必须充分表现出你的诚意，用语言、行动去打动对方，使对方与你的行动协调一致，为达到成功的彼岸而真诚合作。怎样表现出自己的诚意呢？一次谈判不成，再来一次，两次不成，还有第三次。同时，还要注意用友谊、关怀、往来等方式去感染对方。在这一方面，日本公司领导者的所为堪称楷模。

日本干电池制造业的先驱——岗田梯藏，在没有任何参考规范的情况下，他和太太一起经过千辛万苦，制造出了干电池。此后，他与经营自行车灯、汽车照明灯的松下幸之助有生意上的来往。

1927 年，松下向岗田提出了一个令人吃惊的要求：白送 1 万只干电池，而且是新型的。当时，松下的“炮弹形照明灯”换代，设计了“角型国际照明灯”。对松下的照明灯换代要求，岗田爽快地答应了。可他万万也没有料到，松下又问：“是不是可以请您免费供给我 1 万只干电池呢？”老板娘更是惊讶万分，瞪着松下，仿佛是看到了怪物。

松下对自己的要求作出了解释：新型的角型照明灯前途很好，与其一个个慢慢地卖，不如备齐 1 万只样品，广泛散发，所以提出了那样的要求。

听了松下的解释，岗田还以为松下在胡闹。松下进一步解释说：我自己对我的做法非常自信，对于您的 1 万只免费电池，我将以年销 20 万只来回报。

岗田有些动心了，但对能否卖出 20 万只有些怀疑。松下说，若卖不到这个数字，免费的 1 万只电池货款照付不误。岗田被松下的热忱与执着打动了，最终答应了松下的要求。

松下的 1 万只样品，并未完全散发出去，当发出去 1000 只的时候，这种新型照明灯的品质已经被认可，订购单雪片一般从四处飞来，剩下的样品也全部卖出去了。从那时起到年底 8 个月时间里，松下销出去的照明灯不是 20 万只，而是 47 万只。

年节刚过，岗田衣冠整齐地从东京来大阪拜访松下，少有地打破了自己那一套守夜规律。他带来了用礼绳札好的1万只干电池的1500元定金送还松下，并对松下的业绩深表谢意。几乎没有拜访过任何客户的岗田专程来访，使松下感到无比快乐。他觉得，这不是一般成功的快乐所能比拟的，而是与岗田共享成功的喜悦。

松下是凭什么让岗田答应加盟合作的呢？是松下那可贵的信念、热忱、干劲感染了岗田，使他和自己一起投资了一项事业。看来，伟大的人物，包括高明的经营者，往往正是利用自己的感召力和坚定的信念调动诸多因素集合在自己的旗帜下，共同创业，共享成功的利益。

维护自己的良好信誉

//管理之要//

一个公司领导者，如果没有可信的商业信用，那他怎么可能成功呢？

我国伟大的历史学家、文学家司马迁在《史记·游侠列传》中对于坚守信义，万死不辞的侠客进行了高度的颂扬，称赞他们“一诺千金”、“言必信，行必果”的侠义精神千古流芳。其实，在商界中，崇高的信誉同样是不可少的，孔子有言：“人而无信，不知其可也。”意思是一个人如果没有信用，那他还能干什么呢？同理，一个公司领导者，如果没有一点商业信誉，那他怎么可能成功呢？虽然同行之中有竞争，恪守信用有时会有所损失，但从长期看来，这种信用非但不可少，而且是必需的，哪怕是“白搭一只老母鸡”呢！下面我们来看一下在商业高度发达的日本，公司领导者们是怎么做的。

日本商人在长期的市场经济熏陶下，意识到信誉乃成业之本，无论花多大的代价，都要创立自己的良好信誉，维护自己的良好信誉。

日本餐具大王仓介一郎创业始于二战刚结束时，当时日本一片废墟，充满了困难。这时他接到美国芝加哥一犹太商人1万只刀叉的订货，声明须在 9 月 1 日之前交货，否则后果让日方全负，当时已经 7 月底了。

在如此短的时间里做1万只刀叉，困难是很大的，但是为了抓住商机，仓介先生一咬牙接下了这笔生意，并迅速找到了生产厂家，要求他们务必在 8 月 17 日之前交货，价钱再高也在所不惜。不料，由于各种不可预料的原因，厂家 8 月 27 日才把货物交到仓介手中，此时办理航运已经来不及了，5 天之内运到芝加哥怎么可能呢？做还是不做？怎么做？

仓介先生深知商界信誉的重要性，于是他再次一咬牙，忍痛用 1 万美元包下一架直飞芝加哥的日航飞机，此时，他已不可能有一分钱的盈利了。

正当那位犹太商人焦急万分的时候，要他提货的仓单到了——他一下子热泪盈眶、激动得说不出话来，倍受感动之余，他立刻给仓介发出了 10 万只刀叉的订货电报。由此，仓介先生的事业一下子上了一个大台阶。

事实很清楚，如果仓介先生不能果断地包下飞机运货，犹太商人肯定会解除合同，而有言在先的一切损失将全部由仓介负担，那时，仓介非但负担经济损失，商业信誉也会扫地，从而便将永远失去犹太商人这位良好的合作伙伴，双方的损失都将是巨大的。而今，仓介先生克服了重大困难，实现了自己的诺言，双方皆大欢喜，结果日后共享其利。仓介先生的做法显示了一位见识宽广的大公司领导者的风范，为在商界中角逐的人们树立了一个可贵的榜样。非但日本人如此，我国台湾大公司领导者王永庆恪守信用的举措也颇令人震惊。

王永庆在台湾经营的南亚塑胶公司是世界上最大规模的 PVC 塑胶加工厂。生意越大，王永庆越是看重信誉，每当信誉与财富发生矛盾时，他会毫不犹豫地把金钱放到信誉之后。

1974 年，台塑公司增资股收盘价只有 202 元，他依照约定的 244 元价码，毅然每股退回了 42 元，一共退回了 4000 多万元，开创了股市空前纪录。

一次损失 4000 万，这会令许多公司领导者瞠目结舌，也会令他们摇头痛惜。但是，王永庆却因此树立了美好的信誉，赢得了许多合作伙伴的高度信任，随之而来的则是一次又一次的商业机会，在很短的时间内，几个 4000 万元也可能挣回来了。1978 年，美英三家银行向台塑公司提供了 1500 万美元的低息贷款，按正常手续必须有台湾金融界的担保。只是由于 1974 年的退款举措。美英商人认为王永庆已成为国际市场信用的王牌象征，便免去了金融业务担保，只要王永庆个人担保就可以了，开创了中国人以自家信用担保的先例。看来，良好的信誉是赢得合作伙伴的重要法宝，是加强合作谋求更大利益的基础。

让别人甘心做你的伙伴，成为利益共同体，除上述之外，还有很多方面均可作为使对方参加合作的资本。比如，当今的市场竞争往往就是技术的竞争，一项高新技术可能在某一领域引发一场“产业革命”，像北大方正的激光照排技术，使中国的印刷业告别了铅与火，进入了光与电的时代。而技术是人掌握的，所以有时团体之间的联合也可能是看到了一方的人才实力，如联想集团与中科院研究所的联合，就是如此，联想集团要利用研究所的人才，研究所要利用联想的物质基础，两者相得益彰，共同发展。

让合作者明白战略联盟的意义

// 管理之要 //

俗话说：“大鱼吃小鱼”，这只不过揭示了自然界中所存在的一种竞争关系。今天激烈的市场竞争中，也同样存在着类似现象，那就是——公司兼并。

商场如战场，在抢夺市场的行动上有时也必须结成联盟，几个公司结成一个利益共同体统一行动，在生产、价格、宣传、销售、服务等环节上相互合作，以集体的力量赢得竞争的胜利。

小天鹅集团与宝洁公司实行的一个战略联盟，便是小天鹅集团副总经理徐源的营销理论中一个出色的手笔。

战略联盟是小天鹅利用外力铺展万里云天的漂亮一招。它不但与相关产品联盟，与宝洁公司在复旦、南开、武汉、山东等大学组建了“小天鹅碧浪洗衣房”，扩大双方的知名度。同时又与同行联盟，利用“小天鹅”品牌，吸纳效益不好但仍有潜力的全国十大洗衣机厂之一的武汉荷花厂，为它生产无需“小天鹅”再投资的双缸洗衣机，从而占领了广大农村市场；另外又与国外大企业联盟，同德国西门子公司合资生产即将看好的滚筒洗衣机，与松下合资生产绿色环保冰箱，由此一举三得，既在国内建立了规模更大的新的生产基地，又为小天鹅跨出国界，进一步寻求广泛合作奠定了基础，同时又学到了国外的先进技术与创新管理的举措。

建立市场联盟，是中国公司发展的新课题，有许多问题值得研究，就其运作理论来讲也存在着许多新领域。比方说，在你争取合作伙伴时，不妨应用一下我国古代的纵横家的理论，战国时候，以苏秦、张仪为代表的纵横家们，凭着自己出神入化的辩论家的风范，不费一兵一卒便左右着君王们的行动，任何一方的胜利，都将影响到中国历史的进程。而古时的纵横，运用到当今商界中就是市场的重新组合，哪位高超的公司领导者能熟练地将这些理论为我所用，用古人的智慧来组合生产力要素和市场机遇，谁就能在自己的生产和市场领域内纵横驰骋，独占鳌头。

1996 年 4 月，红苹果点点利商贸集团因一次性招募 2000 名下岗女工而被各媒体争相报道，一炮走红。但由于投资决策及其他方面的原因，经营不久便陷入空前危机。红苹果总裁刘鸿鹄利用合纵连横的战略联盟，与长江农业集团、连云港如意集团达成初步协议，由三方合作成立了一家新股份制公司，并于 1997 年 8 月 1 日，将新公司命名为“如意红苹果点点利商贸有限公司”。

这一战略联盟的实施，为红苹果的发展注入了强大的推动力，几家各施其长，精诚合作，利益共享，红苹果健全的网络和全新的理念与长江、如意雄厚的资本结合起来，使新公司以一种全新的方式迅速扩大了红苹果现有连锁店的规模。

小天鹅与红苹果的成功，主要在于他们的公司领导在分析了市场规律后，巧妙地运用了现代兵法和我国古人的合纵连横策略，用这种理论去说服合作者，道理既明晓又具说服力。如果仔细想一想，其实有许多其他领域的策略和方法都可以灵活地运用于商界中，关键是在于领导的思维是否灵活，观念是否现代。

联合小商贩能起大作用

管理之要

能容其小，方能成其大。要把自己的事业做好，各方面的力量都不可忽视，哪怕是常被人们忽视的弱小力量。

要把自己的事业做好，各方面的力量都不可忽视，哪怕是常被人们忽视的弱小力量，因为能容其小，方能成其大。这对于初闯商海的人尤为重要。

20世纪70年代末，江苏无锡有位新崛起的个体糕点加工户——王永之，后来他成了全国闻名的“麻花大王”。

王永之52岁那年退休了，闲着无事，便决定干个体户，于是，便以200元起家，办起了一个小型的麻花加工作坊。

然而，开始事情并不顺利，70年代末，一切是计划经济的方式和观念，尤其是国营单位职工根本瞧不起个体户，更不要说让个体户的商品进国营商店了。王永之自知与国营食品厂竞争不过，只好让女儿天天提着筐子上火车站零卖。同时，王永之也在琢磨着如何扩大销售的事。

一天中午，女儿回家吃饭来了，却没有提麻花篮子。老王有点吃惊，忙问原因。女儿回答得很简单，原来她嫌提回来麻烦，并且中午又是卖麻花的时机，便请那位和她天天坐在一起卖米粉的老太太代卖一下，同时送几个麻花给她吃。

王永之一听，眼前豁然一亮，很快便琢磨出一套扩大麻花销售的方案来。他让女儿去找了十几位同样在街头卖米粉的老太太，请她们代销麻花，同时订了协议：只要她们每天能够销出麻花则按个数提成，卖不出去的，可以退回来。

很快，王永之的麻花代销点逐渐发展起来，由十上百，慢慢地，全无锡市所有米粉摊位上几乎都有了老王的麻花。销路广了，客户多了，王永之的作坊也逐渐发展成为一个加工厂。以前是女儿单独出去送麻花，现在变成了代销点来找麻花，且数量不断扩大。最后，尽管王永之的麻花没有出现在国营商店的货架上，却占据了整个市民日常生活的地方，在市民心里扎了根。后来，国营商店同类产品失去了竞争力，又纷纷到王永之门下来取经。而王永之的小加工厂呢，仅用了几年时间，便成了拥有 100 多万元资产的公司。

现在，我们来分析一下王永之成功的经验。在当时特定时代背景下，个体户是不可能与国营商品一争高低的，而王永之呢，则巧妙地利用了不被国有公司所看重的个体商贩的力量，走“农村包围城市的道路”，同时让站在自己这棵树下的小商贩们也都能扩大经营范围，从自己这里得到好处，双双获利，从而得到了广大小贩们的共识。

王永之的成功案例，还给了人们另外一种启示：在激烈的市场竞争中，有正面冲突、你死我活的“硬环境竞争”，也存在着背景条件下的“软环境竞争”，自己究竟采取什么方式去赢得消费者和市场、采取什么方式去参与竞争，要根据自己的实力机会。如果没有实力而偏要去进行“硬环境竞争”，往往会失败；在这种情况下，巧借外力，团结各方面力量去竞争，则更容易成功。这点启示，对于初涉商界，满怀激情的年轻人来说也许更值得重视。当然，这样说并不是打击人们大胆创业、参与竞争的积极性，而是告诉他们要善于运用自己的智慧，不要感情用事，这才是取胜之根本。

借别人之力推动自己的发展

// 管理之要 //

金无足赤，人无完人。同样，一个公司不论它发展到什么程度，总会存在一些或大或小的不足。

金无足赤，人无完人。同样，一个公司不论它发展到什么程度，总会存在一些大大小小的不足，如技术、人才、资金、土地、投资环境、产品运输等等，如果与能弥补自己所短的公司合作的话，也许这些问题就会迎刃而解；同时，也用自己的长处去帮助合作者，让双方相互取长，共同发展，并且也容易取得合作者的共识，为日后的发展打下基础。

松下与菲利浦都是世界闻名的电器公司，信誉高，产品质量可靠，然而两家公司又都曾存在着不足。比如，有一次两家公司有意合作时，松下的资本、技术都要比菲利浦低，而在经营管理方面又比菲利浦高出一筹。如果两家合作，就可以取长补短，菲利浦向松下转让技术，松下向菲利浦提供经营指导。最后两家约定进行合资办厂，各以资术、资金入股。投资股本份额是显在的，难以衡量的是其他软件方面。菲利浦提出了一次性技术转让费 50 万美元，技术指导费 7%，松下力争技术指导费降到了 4.5%，同时又向菲利浦提出了支付 30%“经营指导费”的条件。菲利浦公司对所谓的“经营指导费”感到有点意外，但考虑双方合作的目的正是为了取对方之长来补自己之所短，就答应了松下的要求。结果双方合作得非常愉快。

取长补短走联合，可以说每一方的目的都是相同的，那就是借别人之力推动自己的发展，那么，最终最好的结果便是双方均受益。既然如此，在合作中就一定要注意在维护和发展自身利益的同时，也要考虑到合作者的利益，否则，合作将不会长久，也会丧失信誉，那凭什么再与别人联合创建利益共同体呢？这就是将要讨论的下一个问题。

对合作伙伴不要吝啬

// 管理之要 //

作为合作伙伴，作为利益共同体，每个公司都应始终坚持互利原则，让参加合作的每个公司都在联合经营中获得各自的经济利益。

其实，在生活中我们更应注意的是多给别人一点爱，哪怕是在商界中，对别人的关爱之情也不能泯灭，甚至是有时还要毫不吝啬地去关心别人的利益，尤其是对自己的合作伙伴。著名企业家吉田曾经讲过："不为别人着想，就不会有自己的繁荣。播种善的人也会得到善，善会循环给我们，让善不停地循环，大家都得到善的恩惠。"吉田认为，今日公司无不在考虑如何赚钱，但要赚得合理，他说："不能'恶'赚，要'善'赚，我搞了五十年经营，奉行的就是'善的循环'哲学。"所谓"善的循环"就是把利润三等分：三分之一返回消费者大众，三分之一给销售商、代理商，三分之一留下来发展事业。基于吉田先生的这种管理思想，YKK 公司的股份已有一半以上交给了本公司的职工，每次发售股票，公司都让职工优先购买。吉田还规定：本公司职工要把公司发给的工资和津贴的 10%，薪金的 50%存放在公司里，由公司提供比银行优厚得多的利息。本公司职工的股票，每年可获得 18%的利息。这样，公司成了老板与职工们共同的公司，工人们得到了较丰厚的利润，主人翁的责任感也大大加强了，他们对公司的事务都非常关心。1983 年，职工在公司的存款数已经达 4200 万美元。每年红利分配，吉田本人占

16%，他的家族占24%，职工占60%。这是个皆大欢喜的公开化分配方案，职工很受鼓舞，大大增强了凝聚力。

吉田以“善”赚钱，形成有利于自己事业发展的良性循环，并使“善”重新返回到自己身上。他的利润三分法让别人多得了一些利益，实际上自己得的更多，但它却调动了公司职工的责任感，使公司从上到下，万众一心，组成了一个强劲有力的利益共同体。

吉田以分利的方式取得了本公司职工的共识，其实，对待与本公司合作的其他公司也要进行一定程度的让利。华人公司巨子李嘉诚在这一方面就做得很好，他非常注重互惠互利的双程交易方式，切忌杀鸡取卵的行为，并说那是一种短视的经营做法，是不可取的，真正巧妙的做法是在关心自己公司利益的同时，关心对方公司的利益。正因为这样，大家都愿意与李嘉诚做生意。还有，以大连冷冻机厂为龙头的利益联合体，也是一个成功的例子，大连冷机厂定价的依据，原则上以主机厂现实的劳动工时定额和原材料消耗定额为定价基础，然后根据实际情况进行浮动。对于专业化生产程度高、成本较低的零件协作厂，让其降价给主厂以优惠；对于成本较高的协作厂，主厂给予上浮20%的照顾。对于原材料涨价，主机厂也相应提高收购价。这样，在生产中，它们互惠互利，相互照顾，有效地调动了各个合作伙伴的积极性，从而也壮大了整个共同体的力量。

伤害一个人，就会损失一个朋友；损害了一个公司的利益，就会损失一个合作伙伴，进一步讲，日后也就减少了更多的合作和发展机会。总之，作为合作伙伴，作为利益共同体，每个公司都应始终坚持互利原则，让参加合作的每个公司都在联合经营中获得各自的经济利益，得到互补利益和规模效益。

走“双胜共赢”之路，就能做大

管理之要

竞争是商业活动中的自然法则。通过竞争击败对方，就能多占市场，从而获取最大的利润。但在双方势均力敌时就没那么容易了，争斗不已，只能两败俱伤，让第三者得利；如果双方达成一定的妥协，结成利益共同体，共同经营开发，那么双方均会得利，这就是所谓的“双胜共赢”思想。

印度尼西亚著名华人银行家李文正是“双胜共赢”思想的创始人。李文正善于把中国传统思想文化运用到公司经营中去，在和其他公司领导者进行合作谈判时，总是贯彻“和为贵”的思想。他主张谈判不一定要分出胜败，在这种“双胜共赢”的思想指导下，李文正与印尼民族、华人和外国金融家建立了广泛的公私友谊，与别人的合作也总是十分顺利。1960 年，他转入银行业时是与几位福建华商合资经营的。1971 年，他与弟弟李文光、李文明、华商郭万安、朱南权、李振强等人共筹资金，组建了泛印度尼西亚银行。从 1973 年 9 月到 1974 年 11 月，李文正领导泛印银行和印尼中央银行、财务暨公司联合组成印尼私营金融发展公司。与此同时，泛印银行又与瑞士富士银行、日本东京富士银行有限公司、美国旧金山克罗克国际开发公司、澳大利亚商业银行、印尼多国开发有限公司联合组成的国际金融合作有限公司，从事国际性的资金融通和公司投资开发业务。泛印银行又与法国皇家信贷银行签订了贷款及技术合作协定，以法国长期低息贷款，帮助印尼工、农、商业的发展。这样，在五年之内，泛印银行成为印尼的第一大私营银行。1975 年，李文正应邀担任中亚银行董事总经理，该行很快升到榜首。李文正还独资创办了力宝控股有限公司，该公司一面与美国的斯蒂恒斯金融有限公司联营一些金融公司，一面又与林绍良家族以各 50% 的股份组成力宝集团，共同经营金融业。到此，李文正成为印尼规模最大和最有影响力的金融财团，其财产已达 40 亿美元之多。

“双赢共胜”带有一定的“中和”思想，在利益的争夺上有时会表现出一定的妥协性，好像是失去了一些本不想失去的东西，但反过来从另一方面考虑，这种妥协也不失为一种求利的方式，双方讲和，一是可以有效地中止双方的竞争，避免以后在愈演愈烈中遭受到损失，二是可以利用这种机会争取到一些合作伙伴，特别是在你首先主动让步的情况下，对方可能会认为你值得信赖，会与你成为好朋友。当然，这种妥协让步是有条件的，不是无原则的退缩，当进则进，当退则退，视机而为，因地制宜，切不可机械套用。

走“双赢共胜”之路，在合作谈判中做出让步时应注意什么问题呢？一是时机，二是方式。

让步的时机要掌握得恰到好处。不要太早，太早可能不但解决不了问题，而且会逼迫你再行让步；不要太晚，太晚可能会丧失成功的机会，成了马后炮。

有一次，一家美国公司与一家日本商社谈判，内容包括两个方面：一是继电器，二是晶体管集成电路技术。由于双方分歧较大，谈判被迫中止，日本商人准备次日回日本。不料，美方当晚由总经理出面设宴，招待日方商社社长，试图挽回局面。由于日方对继电器问题态度强硬，而美方出于己身利益的考虑，决定在此问题上做出一定让步，一则缓和气氛，打破谈判僵局，二是鼓起日方的积极性，留住日方，使日方在晶体管集成电路技术方面做出一定让步，一鼓作气将两个问题全部谈成。这一招果然成功，在宴会上，双方领导人经过谈判顺利地实现了以上两个目标，达到了商谈目的。

由此可见，把握谈判让步时机极其重要，如果美方过早让步，日方会认为美方“底气不足”，就不会在晶体管集成电路问题上做出让步；如果美方坚持不让步，第二天日商一回国，两笔生意会全部“泡汤”。

除了把握时机，在让步方式上也有许多问题需要注意：

（1）每次让步后，要求对方也做出让步。

（2）不要以让步讨好对方，否则会陷于被动。

（3）要记录让步，做到心中有数；要对方也心中有数，以求对等公平。

（4）不要毫无异议地接受对方要你让步的要求，即使想让步，也得耗上一些时间，因为人们往往对不劳而获的东西不加珍惜。

（5）最后你还可以做出一些无损失甚至有意的让步。如尽可能向对方提供应该提供的有关资料；对于对方合理的要求，尽量保证：“我会尽力满足你的要求！”等等，这样会使合作伙伴在心理上、感情上得到满足。

第七章

用智力大幅度地提高市场占有率

如今，越来越多的公司意识到了顾客是公司生存发展的衣食父母，要千方百计维护同顾客的关系。皮之不存，毛将焉附？没有顾客，公司就无法生存，更不用说发展了。协调好公司与顾客的关系，是公司领导者素质能力的重要体现。公司领导者是否始终把顾客的需要作为公司决策的依据，是关系到公司存亡兴衰的重要问题。

心理战在运行中的活动规律

//管理之要//

凡是具有新异性、反常性、突然性及运动性的事物，都容易引起人们的注意。

商战攻心的模式有两条基本的走向：一条是针对与自己竞争的同行进行的；另一条是针对自己需拥有的客户的。虽然这是两个不同的攻心方向，但每个方向所包含的心理效应是相同的，它们都是一个由信息刺激到心理和行为反应的完整的心理战系统。

对商战中心理战效应的主要过程进行研究和分析，实际上就是对商战攻心在不同运行阶段的微观、简单模式的研究，其目的是深入、具体地探讨心理战在运行过程中的活动规律。

商战攻心的心理效应主要由以下几个过程所构成。

（1）吸引注意

吸引商战攻心的对象的注意力，是产生商战攻心效应的第一步，没有这个环节，以后的心理过程便不可能产生，也就达不到商战攻心实施者预期的目的。

注意是心理活动对一定事物的指向和集中。大千世界五光十色、纷繁复杂，人不可能在同一时间内感知周围的一切，只能感知其中的少数对象，人的心理活动只是指向一个特定的对象时，这个对象才能被清晰地反映出来，从而为人们所认识和理解。这类定向反射，主要是由周围环境的变化引起的。心理学研究表明，凡是具有新异性、反常性、突然性及运动性的事物，都容易引起人们的注意。

心理战的理论研究也表明：信息的强度、对比度和新鲜度越强，重复率越高，就越容易引起人们的注意。有经验的商战攻心实施者在采用报刊进行攻心宣传时，都非常清楚这一点：又粗又黑的通栏标题，加粗黑框的消息报道，都能增加信息的强度，也较易引起读者的注意。内行的广告设计师，在进行广告攻心设计时，其色彩运用不仅讲究刺激的强度，而且还格外重视反差的效果，这就是懂得信息对比度对商战攻心活动重要性的表现。标新立异的奇装异服远比普通服装更易引起人们的注意，这说明信息的新鲜度与人们的注意力是成正比的。信息的重复也是引起注意的重要手段，所以商战攻心中传播信息的活动总要反反复复不厌其烦地进行。由此可见，商战攻心的传播者在信息的制作与传播上，一定要对信息进行强化处理，以增加信息刺激的强度、对比度和新鲜度，同时还要增加传播的重复率。

另一方面，信息的功能性因素对注意也有一定的影响。心理战理论表明，信息的功能性因素由延缓性因素和即时性因素两部分构成。信息的延缓性因素是指能够引起信息的接收者在信仰和价值观念等方面的共鸣，从而取得商战攻心效果的因素，如生活方式新潮流的商战攻心宣传，往往能得到年轻人的欢迎；相对而言，这种商战攻心宣传在老年人中间就没有多大市场。而信息的即时性因素是指可以调动个人一时的需要、情绪之类的心理机制，从而取得商战攻心效果的因素，如香港有些公司往往在春节期间加紧自己产品的宣传，据说这时的宣传效果比较好，因为春节期间大家情绪都比较好。

人的注意中心是会不断转移的，兴趣是维持注意的一个重要因素，作为一个杰出的心理战专家，他必须有能力控制注意中心的转移，就像一位出色的小说家不断地制造“悬念”、将读者的兴趣紧紧地把握住一样。能引起商战攻心对象感兴趣的信息刺激，一般得具备下列三个条件：①信息刺激应该与商战攻心对象的知识水平相适应，商战的信息主题不能是对象一无所知的东西，要与其固有的知识发生某种联系；②商战的信息内容必须提供某种新的知识和尚未被理解的东西；③商战的信息刺激必须是对象所关心的和能引起他们思想感情共鸣的事情。

（2）加深印象

对于外部事物的刺激，人不仅能及时地反应，而且当刺激作用停止以后，它的印象往往并不立刻消失，客观事物的形象还会在意识中重现。这种印象的加深，正是商战攻心所引起的心理活动在时间上得以持续的基础。正由于人有记忆的能力，商战攻心所产生的印象才能积累和加深，才能从感性过渡到理性，使商战攻心效应成为一个发展和统一的过程。

印象是一种不经意的记忆，如果不能给商战攻心对象留下较为深刻的印象，就会时过境迁，失去记忆，商战攻心效应便告中断。不经意的记忆有很大的选择性，如何才能给人以深刻的印象？商战攻心活动具有很强的情景性，即具有即席攻心的特点。因而，加深商战攻心对象的印象应注意以下几点：①减少信息的数量。人的记忆总是记忆一定的信息。

记忆的效果对于信息的数量有一定的依存性。一般来说，在同样的时间内，信息减少，达到记忆的水平越高。因而，商战攻心的文稿应是简明扼要，尤其是传单、标题必须短小精悍。②力求材料形象、具体。材料形象、具体有助于人们加深印象。③重复信息内容。重复信息内容是加深商战攻心记忆的重要手段，这是因为某些事物的记忆通常不是一次能够完成的，需要有一个循环往复的过程。④注意文字技巧。在商战攻心中恰当地运用文字技巧，也能帮助人们加深记忆。如押韵法：将商战攻心文稿写成诗歌、顺口溜、对联等形式，使之合辙押韵；幽默法：运用相声、滑稽戏曲、漫画等形式作商战攻心的手段等。文字技巧应注意易读易记，并富有感情色彩。

（3）逐步理解

从商战攻心的任务说，其效应并不能仅仅停留在产生印象上，还必须帮助理解促其逐步深化，使感情认识上升为理性认识，进而对人的理智发生作用。诱导人们逐步理解商战攻心内容是深化攻心效应的重要一环，如果对象对所攻心的信息内容不能理解，其攻心的效应就只能停留在低级阶段。逐步理解就是在积蓄印象的基础上，通过辨别、比较、分析、抽象、概括的思维过程，把这些印象组合起来，加工成为种种抽象的概念和较高水平的观念，从而产生对某一观点、价值观的领会和理解。因而，心理战的实施者应该提出一些启发人们积极思考的问题，诱导认识的进一步深化。

（4）动摇意志

意志是人自觉地确定活动的目的，并为实现预定目的，有意识地支配、调节其行为的心理活动，它构成了人的心理过程的一个重要方面，即意志过程。意志是人类从事社会斗争活动不可缺少的心理因素。

意志对于人的认知过程和情感过程有着重要的影响作用。意志可以促使认知更加具有目的性和方向性，使认知更广泛、更深入；坚强的意志还可以控制消极的情感、情绪，在艰难困苦的逆境中不畏强暴、勇敢地斗争，而薄弱的意志，则可能被消极的情感、情绪所打动，使意志活动及行为活动半途而废，或改变初衷。

因而，动摇对象的意志，也是商战攻心追求的重要的目标之一。动摇对象的意志通常有“软”、“硬”两种方法。“软”的方法，主要是通过满足其最强烈的某种需要，进而诱使其转变原来固有的意志的方向。“硬”的方法则主要是通过施加压力，增大其实现竞争或消费目标的种种难度，从而使其原有的意志受到削弱，甚至意志防线完全崩溃，进而促成商战攻心实施者初衷的实现。

（5）增进情感

尽管某一种观念可以通过不断实施商战攻心活动而被攻心的对象逐步理解，但如果没有对这一观念持积极的、肯定性的情感，商战攻心效应也不能成为一个持续的、完整的过程。情感是认识转化为行动的媒介。积极的、肯定性的情感可以巩固和加强商战攻心中所传播的观点，而消极的、肯定性的情感可以巩固和加强商战攻心中所传播的观点，而消极的、否定性的情感则会引起人们对商战攻心实施者的观点持否定态度。一个人可能强烈的同情或者抵制某种事情，这不仅表明他的见解是赞成或是反对，而且也表明他对这件事具有强烈情感的倾向。生活中确有这样的情况，道理上都知道，某种商品是最好的，但这并不能转变一个人的拒绝购买的态度，从条件上讲，如果这个人具有购买的实力，这说明他可能缺乏对这种商品的肯定性的情感。故有经验的商战攻心者在晓之以理的时候，总是千方百计地要动之以情，以取得最佳的商战攻心的效果。

增进情感的心理效应过程与逐步理解过程，和动摇意志过程共同构成改变对象心理过程的商战攻心效应阶段，在三个过程要卓有成效地实施，必须注意以下几个方面的问题：①要重视大众传播媒介的作用。尽管商战攻心的对象不会一下子就为大众传播的信息所征服，但大众传播由于其覆盖面广和具有经常性的特点，故具有长期积累性的效果和潜移默化的作用。因此，商战攻心实施者必须十分注意对大众传播媒介的利用。②传播信息要尽可能地采取客观态度，力求做到实事求是。在对文化素养较高的商战攻心对象进行信息传播时，切忌只说有利于自己的单方面的话，要尽量做到两方面的观点，甚至多方面的观点都说。③必须在信息传播的制作上下功夫。注意语言的简练通俗、生动活泼；恰到好处的幽默风趣，也应成为传播信息的一个特点；除非万不得已，决不用长句和抽象难懂的词语；尽量少用或不用引语；坚决不用自己还不十分理解的所谓“新名词”等等。努力使信息刺激被商战攻心的对象容易接受，乐于接受。

（6）付诸行动

商战攻心通过理性和情感的作用，使商战攻心对象在此基础上形成了一定的行为倾向，并付诸行动，商战攻心效应的心理过程就此结束。

商战攻心的目的就是培养和转变人们对待商场中的有关事物的态度。商战攻心活动不只是传播商场上的某些新闻消息，更主要的是培养攻心的对象对商战攻心信息中的问题抱有实施者所期望的态度。这种态度可看作是个体对某些现象的社会定向。在这种态度影响的基础上，进而促使客户对商品爱不释手；或引起客户产生购买行为；或启发客户自觉充当商品的宣传员；或使得强硬的商场竞争对手妥协，或迫使贸易竞争对手采取与商战实施者互利互助的商战行为。

由于商战攻心的对象的态度是其行为的先导。有了态度，才会有行为，因此商战攻心在这个阶段上的工作必须以态度的改变为基础。只有做好态度改变的攻心活动，行为改变的实现才能顺利。但是这并不是说，只要改变知、情、意的心理过程工作做好了，行为的改变就一定能取得效果。因为商战攻心的对象在接收到信息后，虽有采取行动的可能性，但并不一定立即采取行动。要使商战攻心的对象尽快采取行动，就需要在行为改变的环节中多做一些有效的努力和工作。

根据商战攻心的原理，商战攻心的实施者必须注意以下几点。①攻心的信息刺激必须提出明确的目标。商战攻心的目标明确，且这个目标符合商战攻心对象已有的目标，才有可能促使其去采取商战攻心实施者所期望的行为活动。如对象因为想买冰箱，才开始注意电冰箱的广告。又如，某一电冰箱厂的广告内容符合消费者心中的目标，对象才会行动起来去购买。再比如，有的电冰箱厂广告强调用电省这一特点，符合一部分消费者心中的目标，所以打动了不少人前来购买。1996年春节过后，广州市不少商场仍然保持春节前顾客不断的喜人势头，这与往年春节过后商场冷清萧条的场面形成鲜明对比，其原因是各商场均打出“大减价”、“换季大减价”的攻心招牌，满足了消费者求便宜的心理，有的商场甚至七折、八折优惠，结果是顾客纷纷涌入商店，争先购买。②在攻心传播中，其信息要具有方便攻心对象采取行动的内容。一般说来，攻心对象采取行动的条件是：达到目标的途径简便、具体、直接；途径越简便、越明显、越直接，对象越可能采取行动。因此，在商战攻心的活动中，要在促成其付诸行动阶段，尽可能明白无误地把有关信息传递给对象，如推销电冰箱这种笨重的大件商品，绝对要把销售网点和如何送货告诉对方，免得消费者因为信息不灵而为搬运难放弃了购买的行为。③商战攻心的信息传播还必须注意其时效性，努力将信息快捷、及时地传达给攻心对象，不失时机在这方面具有特别重要的意义。

总之，商战攻心活动的这六个方面的心理效应过程一环紧扣一环，每个环节都有其重要的作用，它们共同构成商战攻心的心理效应的一个有机整体。

迎合消费者的个性需求

//管理之要//

一种商品能否具有强劲的吸引力和竞争力，很大程度上取决于所设计的商品是否具有满足“上帝”心理需要的特点。

一种商品能否具有强劲的吸引力和竞争力，很大程度上取决于所设计的商品是否具有满足“上帝”心理需要的特点。一种受消费者欢迎的商品，不仅具有能为消费者提供实用价值的物质属性，而且还具有无形的可以满足消费者心理方面需要的属性。

设计商品，必须考虑市场的需求和消费者的心理需要，必须突出商品可满足人们某一需要的特征，从而奠定商品在市场上具备强大攻心力的基础。在商品设计中，通过突出商品特点来达到吸引客户、占领市场的攻心策略比较典型的有以下几种。

（1）以流行、时新、时髦的商品特点来迎合求新、求异、求变、求美的心理需求。

由于人们在消费活动中，不满足于某种样式呆板不变，不喜欢某种花色陈旧老化，总希望花样层出不穷、款式不断翻新。比如，现在新组建的家庭一般都追求既能组合又可单独摆置的高低鲜明的整套家具。另外人们对商品的色彩的心理需求亦有所变化，已不满足于传统的大红大绿，而更倾向于色调变化丰富的某一时期的“流行色”。这些心理特点，都是商品设计时所必须考虑的问题。在美国，曾有一位服装设计师发明了一种颇受青年人喜爱的闲暇娱乐用的“美其裤”，这种裤非常适合跋山涉水、旅行度假，起初的式样是裤长过膝，直至小脚肚，越到下部越窄，设计师及推销者们均预料这种款式定能受到青年人的青睐，可是事实并非如此，试销品摆在商店里无人问津，于是生产部门迅速撤销了全部的生产合同，宣告设计失败。服装设计师经过冷静分析，并多次深入至顾客中去征求意见，终于弄清了原因：产品设计得过于单调，青年人穿上缺乏活力，不够时髦，中年人穿上又显得不伦不类……聪明的设计师大胆改进，将一条亮晶晶的长拉链装在裤腿至侧胯处，销售对象直指青年人，再度推出时，大受青年人欢迎。后来厂家不断翻新式样，有的在侧腿处钉上一排纽扣，有的系上一排漂亮的装饰带，潇洒大方，穿上颇有风度。这种迎合青年人求新、求异、求变、求美心理的攻心设计策略，终于使美其裤起死回生，风靡世界。

（2）以具有高新技术生产的特点，满足求新、求廉、求方便、求享受的心理需要。

采用高新技术生产的商品，除了具有功能新颖的特点外，往往还因采用新材料、结构更加合理而降低了成本、提高了质量，使用起来也更加方便、舒适，迎合了消费者求新、新廉、求方便、求享受的心理。如一次成像照相机、静电复印机、电脑学习机、高清晰度超大屏幕彩电、激光影碟机、钟控收音机等，这些新产品之所以能赢得市场，赢得人心，其中一个重要的原因就是或具有新功能、新式样的特点，或具有成本低、价格相对有优势的特点，或具有更加自动化、生活更加方便、享受档次更高的特点等等。意大利的莱尔市场是个专售首批新产品的市场。由于这个市场只售首批，卖完为止，不再进货，就是热门货也情愿割爱，所以给客户留下了莱尔市场出售的商品都是最新的，要买最新的商品就得光临莱尔市场的强烈印象。莱尔市场的高招，给人以有益的启迪：顾客都有求新心理，喜用最新的产品；产品新，价格便宜，就会对顾客形成极强的魅力。

正因如此，许多公司纷纷不断推出新技术产品，以增强产品在商战中的攻心力。瑞士的钟表公司，平均每20天就有一种新产品问世；微电子技术和计算机，呈现出雪崩式的发展趋势；日本松下产业机器株式会社有“5·5·0作战”：即开发新产品要集中全世界同类产品的优点，达到质量超过世界水平5%、价格比世界水平低5%、不合格品为0，也就是说，所开发的新产品具有一定的技术难度，既有利于产品的市场竞争，又促进公司的自身发展。

（3）以多效、多能的商品特点，征服顾客的心

由于人们一般都有希望一物多用、一物多能的求实效、求便利的心理，因而设计和生产多效能的产品，是征服顾客心理的又一良方。如视、听、唱三合一的影碟机，坐、卧两用沙发椅，计时、计日、计周以及还可以进行计算的多功能电子表等，这些商品一经上市，便大受顾客的青睐和欢迎，就很能说明这一点。原联邦德国“电脑大王”海因茨·尼克斯多夫，起初只是在一家电脑公司里当实习员，搞了一点业务研究，不被采纳，外出兜售，有幸博得一家工厂的赏识，预支 3 万马克，让他研制两台供结账用的电脑。他从这里开始起飞，经过一番搏击，终于在 1965 年汉诺威博览会上展出了他的杰作——简便、低廉的多功能 820 型小型电脑，引起了轰动。在电脑业的发展中，电脑产品经历了一个由大到小、由小到微，由低能到高能，由粗糙到精密，功效由少到多的发展过程。尼克斯多夫正是顺应了这一趋势，从而使他的 820 型电脑在 1968 年的营业额超过 1 亿马克。这种多能多效的 820 型电脑。成为尼克斯多夫在市场竞争中击倒对手、独占市场鳌头、尽收开拓之利的“秘密武器”。正因为如此，国际上许多企业间的竞争，都力求在本行业的技术、功能、效力等方面的发展上，有所创造、有所发明，抢在同行的前面。日本诸多电视机、录像机等电器生产公司，就是这样以不断开发产品效能的攻心策略及手段，令欧美各国的许多对手望尘莫及，从而占领众多的国际市场的。

（4）以风格各异的商品，适应不同顾客的心理需求

不同的人们有个不同的个性，顾客的兴趣、爱好、性格、气质也都

不尽相同，因而商品设计也应当体现出各自不同的个性特色来。同样的皮鞋，设计的式样却要有高跟、中跟、平跟，方头、圆头、尖头、红色、棕色、黑色、白色，等等。这样才能吸引和争取更多的不同个性的顾客。此外，不同行业和不同年龄段的消费者，往往会产生群体的同步消费心理，即人们自觉或不自觉地选择某种可以表明自己所在的社会群体的商品，这些商品的特点和标志往往趋同于其所在的群体之风貌。如中山装曾在一个时期被有意识或无意识地公认为中年党政机关干部的便装或工作服。学生服在中小学生和大学生中仍占多数。当然也有一些例外，但在各个群体中能带头破旧立新者实属少数，守旧或向本群体大多数人看齐的心理，在某一段时间里总是占据上风。所以，针对不同职业、不同年龄群体的心理需要，设计不同风格的商品，也是一个重要的商品设计的心理战策略。

英国伦敦的哈罗茨百货商场中，领带的品种达7000多种，钢琴的牌号有150多个，时装的款式始终保持在库存8000多种，连奶酪也由450个制造商提供。这些来自世界各地的商品，陈列一堂，争奇斗妍，在设计、制造、包装和竞销上，各有各的特色、风格和声誉，分别拥有为数众多的老用户。风格各异的商品，产生了应有的商战攻心的效应。

在我国钢管市场疲软的日子里，成都无缝钢管厂产品却畅销。1990年，钢管产量由1988年的0.2万吨上升到40万吨，产品全部销出，供货合同还预定到1995年；经济效益也持续上升，1995年实现利税2.24亿元，比上年增长9.62%，1996年上半年又比1995年同期增长10.54%。对无缝钢管这种笨重的产品来说，多数工厂一般都不几根几吨零售，而是成千上万吨生产趸批出卖，但成都无缝钢管厂却放下大厂的架子，只要用户需要，哪怕只几根几吨，他们也乐意生产销售。他们认为，别看生意小，小生意背后有文章。有一年，北京某大公司派人到这个厂订几十吨生产难度很大的钢管，怎么办？成都无缝钢管厂没有拒绝，而是按特殊任务安排生产，并提前交了货，质量完全达到用户要求。从此，该公司向成都无缝钢管厂的订货逐年增加，近几年高达4000吨以上。以前，成都无缝钢管厂只能生产4个系列、80多个品种、2000多个规格的钢管，而如今已经能按国际国内标准生产直径为5至600毫米、壁厚0.25至50毫米的33个系列、197个品种、7746个规格的优质钢管，可以满足各种用户的不同需要。1990年6月，四川江油电厂急需一种高压锅炉管；9月，广东南海分和电器厂急需一种不锈钢管。当时没有现货，于是工厂立即翻架解捆，量尺切割，精心包装，及时发运，满足了顾客的特殊需要。

被誉为“清凉饮料之王”的可口可乐，由于受到百事可乐的挑战，于1985年4月宣布改变沿用了99年之久的老配方，而采用研究成功的最新配方，并声称，要以新配方再创可口可乐公司在世界饮料行业的新纪录。但是，当新配方的可口可乐推出后，市场上却掀起了轩然大波，公司每天收到无数封抗议信件和多达1500次以上的抗议电话。然而，可口可乐公司面对可能出现的市场危机，于1985年7月10日宣布，恢复老配方的可口可乐生产，同时继续生产新可口可乐，双管齐下，一时新老的可口可乐的销售比上年同期上升8%，可口可乐公司股票每股上涨2.57美元，而百事可乐公司的股票却下跌0.75美元。产品竞争的结果，使可口可乐出现了意想不到的机遇。可口可乐胜在使产品具有多种风格，而百事可乐却一味追求新产品，只满足了为数不多的客户，结果不敌可口可乐。

可见，探索商品个性化的着眼点，不是已具个性的传统商品，而是不断发展中的消费个体化。一个公司只要悉心揣摩，尽快迎合消费者的个性需求，就能在强手如林的商场上一枝独秀。

取信顾客，质量为本

管理之要

质量既是公司的生命线，又是公司取信顾客的基础。

不少公司都提出“质量是公司的生命”的口号，由此足见质量的重要。质量既是公司的生命线，又是公司取信顾客的基础。

一家出版机构的老总曾有过很朴素的言谈，他说：首先要有出类拔萃的书稿，我们才敢大吹特吹，否则，我们不敢大做文章，错字连篇，质量低劣的书稿是要惹麻烦的，我们捂还捂不住呢，哪敢吹呀？这段话虽然是针对出版业讲的，其实对于其他商品也是一样，只有有过硬的质量，公司才敢投入大量的人力、物力和财力来大力推广，进行广告公关宣传。否则，煽动性的宣传骗一次可以，过后顾客是不会再买账的，即使公司通过努力，产品质量有了改善，顾客也不会回头的，到头来公司只有面临亏损倒闭的窘境。连海尔集团总裁张瑞敏都形容自己是“战战兢兢，如履薄冰”，所以，请你也时刻不忘：公司大计，质量为本。有了质量这个前提，再谈进一步的发展。

德国戴姆勒——奔驰汽车公司一直以产品的优异性能取信于消费者。奔驰公司曾登过这样一则广告：“如果您在大街上发现奔驰汽车发生故障，被修理车拖走，我们将赠送您 1 万美金。”公司对产品质量的自信令人叹服。如今，奔驰汽车在全世界人们的心目中已牢固地树立起一个“优质”的形象，是全球公认的名牌。虽然它的价格是一般车子的两倍以上，但却有骄人的销售业绩：买主并不嫌价格高，因为奔驰汽车舒适、耐用、安全。自 1974 年以来，虽然经历了两次石油危机和几次周期性经济危机的冲击，以及日本汽车的激烈竞争，奔驰汽车却一直在“得意地疾驰”。这不能不归功于它优越的质量形象。

商品要追求质量就不要怕顾客的挑剔。商品质量好，自然会赢得顾客的信任。俗话说：“卖货不怕人褒贬”、“褒奖是看客，贬低是买主”，顾客对产品的挑剔是十分自然的，实际上，顾客的意见作为公司产品的信息反馈，是公司的宝贵财富，应该成为企业决策的依据，从顾客意见中找到产品症结所在，甚至能使公司起死回生，获得意想不到的收获。

仍以奔驰汽车为例，该公司专门设立了顾客投诉部，处理世界各国用户提出的意见和建议，吸取大众的智慧后，奔驰公司的产品经常得以更新和改进，每一种新产品都异乎寻常地贴近大众的心意，这正是广泛听取意见的结果。

要提高产品质量，首先要把好原料进货关，筑起第一道防护墙，防止质量低劣的原料进入公司的生产车间而使本公司产品的质量受到影响。

合肥美菱集团公司是国家大型公司，生产的美菱冰箱家喻户晓。当初，在为所生产的冰箱选择电源线的时候，公司曾考虑过采用江苏一家乡镇公司所提供的产品，因为不仅该公司的开价低得令人难以置信，而且经过测试，该公司提供的样品也完全符合国家现行的产品质量标准。由于是很大的一笔生意，公司还要付出大笔的定金，美菱集团没有贸然做决定，而是多留了个心眼，派人去江苏进行了暗中调查，这才发现，所谓的乡镇公司只是一家皮包公司，他们的库存都是另一电源线厂报废的不合格产品。美菱公司马上中止了与这家乡镇公司的合作而用较高的价格在省内购买了合格的产品，避免了一笔重大损失。

这个案例中，美菱集团是一个正面的例子，说明了公司要从原料采购开始，严把质量关，以生产高质量的产品取信于顾客；而江苏乡企则是个反面的例子，说明不注重产品质量，见利忘义，靠欺诈不仅不能取信顾客，还会将公司推上绝路。随着市场日益规范，皮包商的日子将越来越不好过。

另外需要说明的是，公司在选择原材料时，当然要严把质量关，但也并非越贵越好，采购原料时，公司本身也变成了顾客，应该货比三家，实现最优性价比。潍坊市地毯公司实行比价采购实现扭亏为的例子，值得公司借鉴。公司通过降低原材料价格，进而降低产品价格，也是使本公司产品增强市场竞争力，赢得顾客的有效途径。

严把材料关之后，在生产过程中更要注意产品质量把关。粗制滥造、以次充好是奸商的行为，在现代市场竞争中只能是搬起石头砸自己的脚，会发生顾客“信任危机”。本地消费者不会再上门，在外埠市场上也会很快名誉扫地被逐出境。公司尤其要注意把好商品出门的最后一道关，确保质量，避免不合格商品进入流通领域，切断不合格产品与顾客的联系渠道，即使公司一时蒙受损失，也不可以把有瑕疵的商品卖给顾客，要从公司信誉和长远考虑。

四川长虹集团曾发生过这样一件事情。某天，质检部突然得到报告：一个质检员由于粗心大意将两台不合格的彩电混进了合格品的成品仓库中。彩电不可能在仓库中停留多久，很快就会被装车运走。怎么办？不找吧，似乎也没什么大不了的，这么多台彩电难免出现两台坏的，想必消费者也不会特别在意，而且也不是什么大毛病。找吧，偌大的一个仓库，足足堆放了好几百台彩电，不知要找到何时，耽误了供货时间还要罚款。但质检部还是决定一定要找！他们放弃了休息时间，连夜将每台彩电拆封调试，最终将两台不合格产品找了出来，从而避免了不合格产品流入市场。

有人说：“厂家的百分之几、千分之几甚至万分之几的不合格率到了任何一个顾客手中就变成了百分之百的不合格率。”是的，如果公司把关不严，不合格的产品对于公司来说，也许只是万分之一，但对于购买了这万分之一的顾客来说，就成了百分之百。所以公司应追求产品质量的尽善尽美，不让一件不合格的产品混进市场，否则既损害了消费者的利益，最终也影响自身的声誉。

北开集团（北京开关厂）曾有一句非常著名的公司理念：“99+1=0”，即：公司生产了 99 件合格产品，同时生产了 1 件不合格的产品，那么产品的合格率就为 0；公司 99 项管理是成功的，1 项管理是失败的，那么公司的管理就是失败的……正是在这样一种经营理念的指导之下，北开集团率先通过了ISO9001，ISO9002以及其他一系列一项比一项苛刻的质量国际认证体系。北开以令顾客100%的满意而赢得了顾客的信任，也赢得了市场。

对于生产型公司来说，通过原料、生产流程、出厂等层层质检把关，一般是可以避免质量问题的。对于零售公司来说，同样存在质量问题。如果哪个商场卖假货，它必定会失去顾客。前些年，在北京有一个大名鼎鼎的人物——王海，令出售假货的商场闻风丧胆。他知假买假，到商场里专拣假货买，然后根据消费者权益保护法要求加倍退赔。有一些商场经营者指责他故意这样做不构成消费行为。其实，这样说是很愚蠢的。顾客交钱买货，商场收钱卖货不是消费行为是什么呢？当然，最后王海胜利了，而且他还在继续履行一个消费者对市场的监督。消协说：如果北京有几百人、几十人像王海这样做，北京商场里的假冒伪劣产品就要少多了。国内的商品据说以上海最好，因为上海人比较挑剔，商家要顾客信任，就必须在品质上有所提升。而随着顾客日渐成熟，消费日趋理性，不仅是上海人，人们的消费自我保护意识普遍增强，而且懂得拿起法律的武器自卫。这也向商家提出了更高的要求，作为商家，应该有勇气接受顾客的挑剔。有的商场主动向顾客承诺，如果顾客在该商场买到假货，以一罚十，这才是公司应有的心态和素质。

商品的质量与价格、质量是第一位的，但也要处理好质量与价格的关系。物美价廉是每一个商家与顾客都追求的目标。但一般情况下，质量高的商品总是要相对多花一些人工和物力，成本高，因而必须增加它的价值量，价格可以贵一些；质量差的商品则反之，不值钱，价格只能低贱。同类商品的价格一般是相对质量而言的，所谓“名牌不让价”。即使不能作到价廉物美，也一定要争取“货真价实”，也就是价格要与质量相符。现在北京的小商品批发市场出售的商品质量不可谓优，但也得到了百姓的认可，就是因为它没有以次充好。质次价高的商品即使一时蒙蔽了顾客，也终究不会持久，只能给消费者留下极坏的印象。

商品的质量与数量之间，质量也是第一位的。质量不好的商品，即使使尽解数卖出不少，却都是次品或废品，这种销量的增加只能加速破坏公司的信誉，加速公司的灭亡。不讲质量而片面追求数量，片面追求赢利，是每个经营者都应引以为戒的。

韩国的大型集团公司就努力摆脱“数量扩张型”的旧模式，确立“以质量为核心”的新观念，销售额等数量指标不再列为企业经营计划的核心内容，“让顾客满意”成为质量型经营的基本准则。三星电子发表了“顾客新权利宣言”，将商品免费保修期由原来的一年延长到两年，提出要用“超一流质量的产品，最大限度地满足顾客的要求”。

“质量革新”已成为国外许多集团公司新经营战略的主旋律。

抓质量不仅仅是要求公司生产符合行业标准的产品，更要求厂家精益求精，努力将质量做到最好。飞利浦公司的宣传语就是：让我们做得更好！

在国内，质量并不是个新问题。许多百年老字号就是信用形式的良好效果。历史上，北京有名吃“三绝”：即烤鸭、涮羊肉和烤肉。而烤肉则首推“烤肉季”，它制作的烤肉因质量过硬而名扬于世。“银锭桥畔后海旁，铁铛炭火烤肉香。嫩焦咸辣味鲜美，引得人士争品尝”，说的就是“烤肉季”的烤肉。这家商号选料精，刀工细，肉片薄如蝉翼，烤肉特用柏木柴火烤出的肉鲜嫩可口，带有独特的柏木清香，质量出色，不同凡响。在餐饮业中，名吃、名店，无一不靠质量取胜。

质量已愈来愈被众多的经营者所重视，若想取得成功，经营者必须将质量做到同行业的NOI，将质量提升到遥遥领先的地位，那样，消费者自然会在众多商品中选择你的产品。

以质取胜已经成为众多商家制胜的法宝。但是，我们仍会看到一些不和谐的现象，有些商家以低成本仿制或购进假冒商品，改头换面以高价出售，坑害消费者。假烟、假酒、假种子、假农药、伪劣化妆品、营养品、保健品……凡此种种，已由错误认识转变为违法犯罪行为了，必须坚决打击，严厉制裁。经营者就应该规范经营，以质量作为公司永恒的主题。任何技术领先，质量优异，顾客需要，价格适当的商品都会受到顾客的欢迎，只有这样生产这类商品的公司才会在激烈的市场竞争中立于不败之地。如果公司切实做到以最优质量配最优服务，建立让顾客满意的质量体系，那么，改善公司的经营业绩，实现品牌效应，取信于顾客，就可以实现了。

重视信用，可以挣长久之钱

//管理之要//

答应人家的事，不能反悔，不然叫人看不起，以后就吃不开了。

“诚信在经商中是第一位的”，这是中国商人的肺腑之言。

清代末年中国最大的官商，红顶商人胡雪岩的阜康票号能名震全国，靠的就是诚信，他曾对下属说过这样一句话：“江湖上做事，说一句算一句，答应了人家的事，不能反悔，不然叫人看不起，以后就吃不开了。”

这句话的含意，就是叫人要守信用。在中国商界，守信用是一条大家共同遵循的“贾道”。

红顶商人胡雪岩曾对一位不守信用的下属商界人物说：

“我劝你在生意上巴结，不光是为我，也是为你自己。你最多拆我两次烂污，第一次我原谅你，第二次对不起，要请你卷铺盖了，如果烂污拆得太过，连我都收不了场，那时候该杀该剐，也是你去。不过你要晓得，也有人连一次烂污都不准人拆的，只要有这么一次，你就吃不开了。”

切莫把胡雪岩的话当成随便之言，他是以他的经验之谈在警告这位下属商人。他是久闯江湖之人，怎会不懂得不守信用的利害后果。

明清时期的商帮都是要求帮中人讲诚信，守信用的。山西商人还在会馆和商号中供奉关羽，除了有尊崇之意，还有寓示自己是关羽的老乡，在商业上和处事上都应重承诺、守信用。徽商是一个宗族派性极强的商帮，一般帮中商人都是互相扶助和互相支持的。但一旦有人不守信用，不择手段，唯利是图，就会遭到许多同帮商人的鄙视，他们把这种商人称为“徽狗”。

中国商人讲求信用，注重承诺，在国内是一个普遍奉行的经商原则。

一位东南亚华侨领袖曾在报纸上发表这样的言论："日本人非常精打细算，重利害关系，对于口头约束的事情，常爽约而不在意。"也就是说，中国人重视约束，重视信用，而日本人则不能。可以想象，这位华侨的直言，必定是他在与日本人交往中不愉快的经验之谈。因为中国人大多守信用，而日本人中爽约的人多。

近来一位日本学者对中国人的商业行为守信用有了新的看法，他说：

"从日常的贸易状况来看，中国人在商业道德上，并没有特别优异的表现，在涨价、降价幅度大时，更有不断要求降价、涨价的情形。以中国所具有的庞大公司说，一旦签订合同之后便绝对遵守的情形，已成为过去。尤其是自从能源危机以来，商业道德完全变样，这才是现实的情况。当然，日本商人的狡诈，也是有过之而无不及的。"

"但是信用毕竟还是很重要的，这点并没有改变。目前的问题是，对于不断急速变化的事情，应该如何加以应付，如何将合同配合现实来实行。现在说中国人能守信用，日本人不能守信用，实在都是基于一种误会。"

这位学者就中国商人的信用问题，为日本商人开出一张"处方"：

中国人能否守信用，应视对方而定，也就是对方是怎样的人物，是具有多少实力的公司，都要充分地认识，才能从事安全的贸易。所以，我们对中国各省的人的研究就很有用处。

例如，上海人喜欢讲排场，即使家中没有一分钱，也会借了钱将客人带到豪华的餐馆，表面上遵守信用，实际上是借此起死回生，当然获得成功的也是有的。这是中国人之间比较确实的说法。

至于祖籍福建的华侨，虽然有相当的财富，但是总习惯在自己的财力范围内从事新事业，对于超过实力的事，绝对不愿插手，对商品的价格，他们习惯于一直杀价。与福建人合作，除非信赖的关系很深，能够说服对方，否则要想发展庞大的事业是很困难的。

因此，同样是中国人，你在与上海人做生意时，必须首先调查对方的财经实力，考虑万一不测的后果。上海人虽然有优异的先见性，在创意上也出类拔萃，但有时往往无法依照他们的计划进展，经常事出意外，到那时即使遵守信用也是无可奈何，所以常常会发生半夜潜逃的情形。

但是福建人就不同。他们虽然喜欢讨价还价，但是做事保守，这方面可以保守信用，比你期望的更能发挥实力。

最后，他认为中国人注重“口头上的约束”，日本人较注重书面证据。他的结论是：

注重口头承诺的中国人和常识上认为口头的约束容易被订正的日本人，在想法上有了差异，但是在“精打细算”上的表现，中国人和日本人并没有什么差异。

虽然现实生活中，一些唯利是图的中国商人将“诚信为本”这条经商古训已经遗忘了，各种假冒伪劣的商品以及欺诈蒙骗的伎俩不断涌现，但仍然只能说是中国经商大潮中的潜流。因为市场规律的铁的原则摆在那里，任何人都只能在它的威严管制下行事。任何从事商业交易的人，不可能不认识“信用”的重要。谁丧失了信用，谁也很快就会丧失顾客，以至最终完全被商业圈所排斥，这是显而易见的事实。而重视信用并将它积累起来，这才是交往中最重要的原则。这点无论在中国人的社会还是欧美人的社会、日本的社会，都是相同的。

不轻易退却是开拓市场之诀

管理之要

忍耐和固执，代表一个人对人生的态度。

商人经商讲究耐心和毅力，为了达到某个目的，不断地变换方式，追求新的可能性。常有一种不屈不挠的精神。

忍耐和固执，代表者是福建人、江苏人、浙江人，而比他们更进一层的，应该说是客家人了，不仅表现在经商上，也表现在他们的人生态度上。

客家人大多数的祖先是中原的贵族和大家族，但是几百年间，到处迁徙，一直受压迫，成为顽强生存的一群。无论遇到什么挫折都要克服，这已成为他们的人生信条。

不轻易退却，最终达到自己的目的，这种精神实在令人敬佩。

但是并非所有的中国人都具有这样的性格。“没有法子”、“算了”、“没有办法”等等，也是常常可以听到的口头语。中国人也有灰心放弃的一面。这是很正常的。

这种“没办法”的妥协精神，常常在巨大的权力之下和领导者有独断性的公司表现出来。在非常干脆地放弃的同时，卑屈地低声下气地遵照对方的意思去做——具有这种特征的，大多是河北人、陕西人、甘肃人，因为他们长期一直受着北方其他民族的蹂躏，很少有扬眉吐气的时候。

中国北部地区，经常遭受游牧民族的侵掠，加上灾荒年多，黄河等水利设施网络系统的破坏，常年处在灾荒和战乱中，河北人、陕西人、山西人、甘肃人、河南人，他们在乱世的适应过程中，具备了机敏的应变能力，也就是见风使舵的能力，这一带地区是中国农民起义最频繁也是最有规模的地区。但是大规模的农民起义军可以在几日内迅速形成，也可以几日内作鸟兽散，迅速崩溃。原因正在于此，义军兴盛时，大家都参加，指望打下江山可分个一官半职；见势不对，觉得义军难以取胜，又一个个脚下抹油，溜之大吉。他们处世哲学是积极寻求自保，必要时可以不择手段。

昔日在中国，由于长期的贫困和不稳定的生活，所以大多数人都依靠着技巧而生活，一旦考虑他人，遵守约定，自己也就无法谋生。这是大多数人的想法，也是他们祖祖辈辈遗留下来的处世经。相当一部分人的圆滑和无主见，就是一种社会适应的结果。

至于客家人，他们不仅有耐心，而且不屈不挠。从个人人品来讲，对道德标准要求较高，个性通常是狷直，不会轻易退却，坚持达到自己的目的。

在与中国商人做生意时，应对中国商人的耐心和固执有充分的思想准备。尽管生意谈判的对手的个性是因人而异的。

第八章

协调关系，随时局做出决策变化

公司领导作为决策者，应当注意协调与政府的关系，因为表面看起来，公司对政府的依赖性减小了，关系疏远了，政府减少了对公司的指令性干预；实际上，公司与政府的关系以另外一种学习本领的方式展示出来，因为公司要细心领会政府的政策，努力争取政府的支持，根据时局调整自己的经营决策。

向政府要个好“伙伴”

// 管理之要 //

商海茫茫，危机四伏，一个公司的力量往往是有限的，试看成功的大公司，一般都有自己的好伙伴，他们之间互补所短，共同发展，从而便增强了公司抗风险的能力与实力。

政府是指导，是灯塔。

政府同样可以是给予者，是奉献者，是“仆人”。在经济大潮中，随着公司日益成为自主经营、自负盈亏的独立经营者，政府不仅仅是主人，是主宰，政府也是公司的“仆人”，为公司的发展提供资源、资金和各种服务，积极地支持公司的发展。

政府为公司服务。与当今以经济为基础走富国之路是紧密相连的。当今世界，竞争激烈，环境变幻无常，唯有在经济上变成强国，方能在世界格局中有立足之地。日本可以对美国说“不”，可以与美国一争高下，就是因为日本在经济上的强大。所以，各个国家都很重视经济的发展，而公司作为经济的载体和单位，就理所当然地受到政府的重视。

公司的发展需要资金，政府可以帮助解决；公司的发展需要资源，政府可以进行调配。只要公司有活力、有潜力可挖，政府可以为公司开“绿灯”，提供尽量好的服务。

政府为公司提供的服务是多方面的。可以提供给公司资金、资源、土地，甚至良好的伙伴关系，为公司的发展创造良好的环境。在政府的扶助下，公司可以轻装上阵，无后顾之忧，只要一心一意把公司搞好，把公司搞活，使公司可以创造良好的经济效益和社会效益就可以了。

福建华侨郑荆召、郑荆伦兄弟随父出洋谋生，移居马来西亚新山县，从事种植业。

当时，马来西亚有大片荒芜无人居住的土地需要开发。郑氏为了能在马来西亚有所发展，就向政府申请土地开垦，得到政府的支持。

1926年后，郑氏就相继建了养记园、泗水园、福安园、三壁咖啡店、金联盛、林金殿等垦殖农场，范围一直延伸到振林山。振林山位于马来西亚柔佛的南部，是个闻名东南亚各地的著名港口。当时马来西亚地区实行“港主制”，郑荆召就被封为振林山的“港主”。

就这样，在政府的大力支持下，郑氏兄弟大力发展了自己的事业。

有些国家的政府为了帮助自己的公司，帮助自己的商人，甚至提供武力服务，用以保护自己公司的利益不受侵害。

英国的外务大臣巴麦斯顿曾说过，一个英国人，无论在什么地方都可以得到保障。英国是一个重商主义的国家。英国的政治家认为，在复杂多变的政治风云中，有一条原则是永远不变的，那就是推进英国的国家利益。而要推进英国的国家利益，就要保护它广及全球的商业，正如小庇特所说：“英国的政策就是英国的商业。”

为了保护英国在南美的商业，托利党的卡斯雷尔政府纵容了革命的政府，而坎宁则答应用英国的海军去保护他们。

英国商人的利益代表英国的国家利益，政府对商人的保护政策，使商人有了坚强的后盾。

但是，作为一个公司的管理者，应该清醒地认识到，公司与政府之间是互惠互利的合作关系，政府为公司提供各种服务，为公司提供良好的条件，对公司进行扶助，也是因为政府需要从企业那里得到利益，得到回报。

英国的重商主义可以说是基于英国可以从商人那里得到金钱的帮助。

政府不是生钱机构，而随商品货币关系发展并成长起来的商人却积存了大量的钱财。他们拥有的钱财数额巨大，完全可以资助政府进行各种活动，他们可以借钱给政府，可以出钱资助军队。

政府封商人为贵族，接纳商人进入政治机构，就在于可以依赖商人凭借自己的实力影响社会和政治生活，不可遏制的政治力量。

所以，当公司接受政府的帮助和服务后，就应时时不忘回报政府，与政府保持互惠互利的关系，使政府可以信任并继续支持自己的公司。唯有这样，公司才能与政府保持良好的关系，继续使政府与公司合作，为公司长远的发展打下基础。

在郑氏帮助马来西亚政府开发了荒地之后，郑氏兄弟与政府之间的互惠互利的关系得到了进一步的发展。

郑荆召兴办了一家拥有六、七百职工的振林黄梨厂，这是新马地区第一家自动食品加工厂，制成的黄梨罐头畅销英美各国，马来西亚政府也趁机发展了它的出口业，增加了外汇收入。为了便于运输，兄弟俩又投资开辟了三条公路，还在振林山沿河兴建码头，船只可在振林山停泊，而马来西亚政府不出一文坐享其成，惠而不劳，自然落得帮个顺水人情。

可以说，郑氏兄弟的发展史和马来西亚发展史之间，有着牢不可破、密不可分的关系。通过一次又一次的合作，双方利益均沾，都尝到了甜头。

而林绍良在印尼政府为自己提供各种帮助，使自己的事业取得很大成就之后，他也以自己在经营、理财方面的才干，为政府解决了不少难题。著名的“印尼国营石油公司事件”就是一例。

印尼国营石油公司是印尼一家大型的国家石油公司，原由苏托沃中将任公司总经理。遗憾的是，这位将军没能指挥公司到达成功的彼岸，反而负债几十亿美元，眼看要遭灭顶之灾。而且，在苏托沃中将被撤销总经理职务之前，公司通过一位国际知名人士布鲁斯·拉普巴搏，签署了一系列租借油轮的合同，价格极不公道。印尼政府决定废除这些合同，并给布鲁斯最低额的赔款。但布理斯在船东的支持下，坚持要印尼政府履行合同，并拒绝一系列的解决方案。

形势对印尼政府十分不利。苏哈托总统把这个大难题交给了林绍良，全权委托他去同布鲁斯谈判。林绍良胸有成竹，寸步不让。布鲁斯被慑服了，不仅不敢与林绍良硬碰硬，而且同意取消前约，准备接受赔款。经过几番较量，一场旷日持久的谈判战，终于在足智多谋的林绍良手中结束了。

林绍良凭着自己的才智，不仅仅解决了印尼政府的难题，而且维护了印尼政府在国际上的形象，更加深了自己与政府互惠互利的合作关系。

一个公司要生存、要发展，就不能离开政府的帮助。只有在政府的大力支持和全力服务下，公司才可能有良好的发展环境和坚强的后盾。做生意如果有了政府的支持，必然事半功倍；而没有政府的支持，则很可能事倍功半，甚至一事无成。

所以，优秀的公司领导者，都善于利用政府的服务和帮助职能，为公司的发展创造条件。

政府的信息就是财富

//管理之要//

政府由于其职能所在，会根据政治和经济环境及国际大气候的变化随时做出政策性调整，从而直接或间接影响和引导公司的发展方向。

不论是西方国家还是在我国，政府都可以决定公司的发展方向，为公司提供信息和决策上的指导。特别是在我国，存在着以公有制为主体的多种所有制结构，不论哪种公司，都必须在政府的统一管理下进行生产经营活动，政府不仅是经济的最高管理者和调节者，而且国家还是国有资产的所有者。因此，公司对政府的依赖性比西方国家更为重要。

政府由于其职能所在，其外交关系十分广泛，政治嗅觉灵敏，会根据政治和经济环境及国际大气候的变化随时做出政策性调整，从而直接或间接影响和引导公司的发展方向。在这种情况下，谁能及早并准确地获得这方面的信息，谁就能做出有利于公司发展的决策。

“糖业大王”黄仲涵的事业成功，其主要原因就在于他善于利用政府的信息资源。黄仲涵家族是蜚声国际的最富有的华侨家族，其建源贸易公司也是印度尼西亚以及东南亚著名的华侨商业公司，在印度尼西亚经济中占有重要地位，所以早在19世纪末，荷兰殖民政府就积极笼络黄仲涵，并任命他为“腰玛”，这是当时荷印殖民政府假手华人管理华人事务的最高职位。由于这种特殊的关系，黄氏家族与荷印殖民政府上层人物交往密切，获取政策信息的渠道当然更加灵通和广泛，从而在经营自己的公司上更有目的性，成功的可能性也就越大。

1920年至1924年间，由于东南亚糖业兴旺，许多华人蜂拥而上，一夜之间冒出了许多糖业公司，致使砂糖供过于求，糖价大幅下跌，很快，许多公司跌入困境，黄仲涵也难于幸免，损失严重。然而，出乎意料的是，恰恰是这非常时期，黄仲涵却大量收购所要出售的原糖。这是为什么？原来，黄仲涵利用关系之便已从上层部门获悉了政府决定干预市场的决定。果然，不久，糖价便开始回升，黄仲涵的建源公司不仅弥补了原来的亏损，而且还得到了丰厚的利润。

从中，我们不难看出，黄仲涵正是利用自己与政府的特殊关系，和他所了解到的政策性信息，率先走出了关键的一步，使他的事业兴旺发达。

政府的信息不仅表现在指导性的政策方面，也表现在商品信息、消费消息、资金信息等等诸多方面，最关键的是看公司领导人能否协调好与政府的关系，从中获得珍贵的信息。

广汉涤纶厂是一家国有中型公司，而同样规模的涤纶厂在全国有100多家，其市场竞争的激烈可想而知，不幸的是，广汉涤纶厂地处四川内陆，而其主要客户却远居江苏、浙江、上海、福建等地，市场遥远，信息不灵通使该厂的发展增加了难度。怎样才能使自己在竞争中立于不败之地呢？怎样才能使自己在竞争中取得发展呢？为此，涤纶厂的领导马上想到了政府，并很快争取到了政府的扶助：政府积极通过各种关系为涤纶厂提供供需信息，寻找合作伙伴，并帮助公司调整生产计划。最终，涤纶厂在政府的帮助和全体员工的努力下，很快取得了显著成效，不仅没在激烈的竞争中败下阵来，反而占有了广阔的市场，规模越来越大。

市场经济的时代是技术与信息的时代，没有技术与信息，任何一个公司都难于立足于商品经济大潮，所以，公司领导人必须努力去协调各方面的关系，获取和分析各种信息，用来指导生产。在获取信息的各种渠道中，千万别忘了政府这一特殊机构，可以说，在很多情况下，政府的信息就是财富。

政府的协调作用

//管理之要//

有市场，就必有竞争；有竞争，就必有同行间撞车的可能性；有撞车，就有被撞翻的可能性，至少是两败俱伤。

在市场经济大潮中，竞争愈演愈烈，公司的生存环境越来越复杂，需要自己去严肃面对的问题和困难越来越多，这就好比在风浪骤起的大海上，众多的小舟为了能够飘浮在大海上，都在拼命地与恶劣的环境进行搏斗，以免被风浪打翻或被其他小船撞翻。那么，如何增强自身抗风险的能力呢？有时，政府会起到不可估量的作用。

在河北与京津地区，韩建集团是颇有实力和影响的建筑企业，已获得了巨大的建筑市场，韩建集团的广告标语牌已随处可见。然而当初，韩村河地区的建筑者只是零散经营，大大小小几十个建筑队，虽然人数、设备也不少，但终难成大气候。为什么？承揽工程，总是以小建筑队的名义，实力弱，信誉低，难以揽到大工程，甚至有时自己还会碰车，严重影响了生产效益。

怎么办？各建筑队的领导人在思考，韩村河村委会的领导们也在思考，他们看到了本村公司继续发展的缺陷。经过分析、探索，经过讨论，在村委会的协调下，他们一致通过决定把韩村河人经营的建筑业联合起来，组建韩建集团，以乡镇公司的名义参与市场竞争。这样一来，一夜之间，韩村河人以崭新的阵容出现在京津地区。

韩建集团的例子充分说明了，政府在市场中对公司的作用是不可轻视的，特别是在中国特殊的国情之下，发展市场经济的配套政策、法律还不太完善，政府的作用尤显重要。所以，利用政府协调本公司与各方面的关系，是公司在利用与政府良好关系时一个绝不可忽视与轻易放过的方面。

有市场，就必有竞争；有竞争，就必有同行业间撞车的可能性；有撞车，就有被撞翻的可能性，至少是两败俱伤。在这种情况下，争取得到政府的支持，利用政府的协调作用来减少或消除这种撞车现象带来的损失也是公司领导人应该注意的问题。对此我们以德国的汽车工业加以说明。

德国的梅赛德斯——奔驰汽车有限公司与大众公司是享誉世界的两大汽车公司。几十年前，两家公司都将自己的产品定位在豪华公务用车上，并不断推出自己的豪华轿车产品，争夺市场相当激烈。为了争取消费者，占领更大的市场，两家公司不仅相互攻击对方的产品，甚至不惜大幅度降价，有时甚至亏本销售。结果是，不仅奔驰和大众两家汽车公司的利益蒙受了巨大损失，而且外国汽车也乘机打入德国市场。

鹬蚌相争，渔翁得利，激战之后，奔驰和大众的领导人都看到了这个残酷的事实，于是便转而谋求讲和，共同分享市场。双方讲和，必然要涉及利益分配问题，难度肯定不小，很显然，有个“和事佬”来调解是比较恰当的。找谁呢？奔驰的领导人利用他们与政府一直保持的良好关系找到了德国政府，希望政府能够出面调解。最后，在德国政府的出面与压力下，大众公司同意将经营重心转移到家用中低档轿车上来，奔驰公司呢，则利用与政府的良好关系维护了自己生产高档轿车的特权。而最终的结果，从大局上来看，也维护了德国汽车工业的整体利益。

利用政府来调解公司之间的冲突与矛盾，一定要分析其可能性与时机，如果双方和政府都希望看到和平解决的局面，那么成功的概率就大大增加了。如果条件不成熟，可能性不大，有条件的公司领导人应当主动争取政府帮助，增加和平解决的可能性，否则，两败俱伤的竞争发展下去是绝无好处的。

支援政府资金问题

// 管理之要 //

如果哪位眼光远大的公司领导者慷慨解囊，给政府解决一个大的难题，政府自然会领他的“人情”。

政府是权力执行机构，是领导者，既然是领导者，它就是要对全区、全国的建设和发展事业负责，要建设、要发展就一定需要资金，而资金短缺又是经常遇到的事，资金从哪里来？政府不是生产机构，这就需要它统筹规划，资金不足时想策筹资，这也是件难度很大的问题。而在这时，如果哪位眼光远大的公司领导者慷慨解囊，给政府解决一个大的难题，政府自然会大大领他的“人情”，既然有了“人情”，人家公司需要帮助和支持时，你政府好意思袖手旁观吗？

香港 25 位大富豪之一的中年实业家徐展堂就是一位胸怀广阔，能够高瞻远瞩的人物。1993 年，新中港集团有限公司成立，这是一家以外资为主的控股公司，以香港为中心，由香港地区、中国大陆、台湾地区以及新加坡的 40 多家颇具实力的公司组成，规模宏大，徐展堂任该集团公司董事局主席。徐先生虽人在香港，对大陆内地的建设却了如指掌，因为他时刻都在关注着祖国的命运，他曾经说过："内地加快发展，需要香港和海外资金的支持……新中港集团公司的成立，是希望配合中国大陆市场经济的发展，联系香港、新加坡及其他外商在内地及香港两地投资活动，一方面协助外商将资金投入中国，另一方面引进西方先进管理技术和科学技术，以加速两地的经济发展和交流，提高生产率……新中港集团公司的使命是开创中国经济的新领域，这也正是海内外各界人士对我们集团的期待。"正是基于这种崇高的愿望，徐展堂得到了我国中央领导们的热情欢迎，该集团在北京成立时，首都各界400多人参加了成立庆典，中共中央政治局常委、中央军委副主席刘华清、国务院副总理邹家华也拨冗出席，李鹏总理还在人民大会堂会见了徐展堂一行，并以"开张大吉，万事如意"八个大字相贺。

徐展堂许下了诺言，也付诸了行动。当他了解到内地进一步改革开放，目前急需的是解决交通、能源、基础设施等"瓶颈"问题时，毅然把投资的重点放在这些方面来。该公司成立后的第一个项目是投资兴建四川省绵阳至乐山的高速公路。古人云："蜀道之难，难于上青天。"要在巴山蜀水间修路难度可想而知。据介绍，这项工程时间跨度17年，投资需30多亿港元，这令许多投资商望而却步，而徐展堂为了实现自己的诺言，勇敢地承担下来，为四川的交通建设解决了一个大难题。

当有人问及为什么做难度这么大的事时，徐展堂说："我投资内地主要不是为了赚钱，而是为了办点实事。"他之所以把目光投向四川，正是看到四川人口众多然而交通闭塞，目的是帮助四川尽快地实现经济腾飞。

徐展堂的例子启示人们，做生意，固然是为了赚钱，但作为实力雄厚的大公司，钱应当如何赚的确是个值得深入研究的问题，徐展堂的投资行为，固然也是为了赚钱，但他没有惟赚钱是图，而是放远了目光，首先是用自己的资金给政府解决了难题，大而言之，是有力地支援了我国的社会主义现代化建设，这为日后进一步在内地发展壮大奠定了基础。

让公司的政策与行为不走样

// 管理之要 //

采取主动的方式与政府建立良好的关系，使公司永远立于不败之地。

鏖战商海，要想获得政府的支持，也不妨先对自己的商业举措进行一个全面的分析，除了商业利润之外，是否还有什么政治意义，如果有较强的政治意义或其他什么社会意义成分的话，到官员中间去游说，获得政府支持的可能性就比较大。下面我们就看一看“拥有一片故土”活动是如何获得政府支持的。

20 世纪 90 年代初，伴随着纪念哥伦布发现新大陆 500 周年活动的展开，美国土地公司发起了一场轰动全球的“拥有一片美国”的商业活动。中国深圳海王集团是此项活动在中国的独家代理，在中国大陆搞得也是如火如荼，人们争购如潮，各种媒体竞相炒作。对此，海王集团的总裁张思民陷入了沉思：区区一个代理，就制造了如此的社会效应，获得了丰厚的利润，我们自己为何不能搞一次这样的活动呢？张思民抑制着自己的激动，便去策划一项类似的活动了。

张思民把目光放到了海外，因为海外有 8000 万华侨，他们对于祖国都有着难以割舍的情和爱，我们为何不把一种载体赋予他们，让他们时刻感受到与祖国同在？于是，便有了“拥有一片故土”的活动的策划。

搞如此大规模的活动，虽说本身很有意义，因为涉及国土问题，所以必须得到政府的支持。于是张思民登上了飞往北京的飞机，去找文化和旅游部的领导。在旅游局里，张思民详细地陈述了自己的想法，并先后与七位部委领导人会见，对“拥有一片故土”活动的意义和方案侃侃而谈。领导们被张思民的工作热忱和卓越的商业头脑所倾倒，一致达成了全力支持海王集团的决定。

在有关领导的支持下，活动启动非常顺利，1992 年 12 月 26 日，在北京人民大会堂正式签订了协议，规定：在全国（含港、澳、台）选择 36 个景点，建立“中华民族故土园”。海王集团出资购买土地，制作证书，向海内外发售，为海外炎黄子孙寄托乡情，怀念故土提供一种方式。

实际上，张思民策划的这项活动的确显示出了其不平凡的意义。证书获得者可以拥有各处故土园各 1 平方英寸土地，共计 36 平方英寸的土地使用权；个人的名字将永远镌刻于北京主园内花岗岩墙面上；将个人姓名资料存入“拥有一片故土”工程电脑库中；可以继承、转让“故土园证书”。也正因如此，“拥有一片故土”活动得到了政府、海内外各界人士的热情帮助。1993年2月26日，“拥有一片故土”大型旅游工程在京召开新闻发布会，文化和旅游部局长刘毅向世界宣布工程正式实施。同年4月，“中华民族故土园”北京主园在北京昌平区奠基，李瑞环亲自为主园揭幕剪彩。海外知名人士靳羽西热泪盈眶；台湾国民党元老陈立夫外孙方伯豪也捐土10亩；一位菲律宾华侨代表海外8000万华夏儿女热情领受了这份来自中国的礼物。与此同时，这一创举引起了热烈而巨大的社会反响。随之，国内外新闻媒体竞相报道，海王集团在北美、东南亚的知名度瞬间提高了许多。

张思民总裁欣慰地笑了，但他同时也清楚地认识到，如果没有政府的大力支持，这项活动是很难想象的，饮水思源，张思民毅然拍板，宣布证书的销售收入除用于故土园建设外，盈余部分将设立海王故土基金，用于奖励那些在科教文卫方面作出了积极贡献的人，海王集团不收取任何商业利润。

利用政府的支持，海王成功了；活动的利润，海王又回报给了政府与社会。那么，海王获得的是什么呢？是全球范围内的知名度，这又是一笔多么巨大的财富啊！这笔生意，张思民是赚大了！

综上所述，一切有远见的公司及其管理者，都能深刻地认识到政府在公司发展中起到的重要作用，所以，也都会采取一切尽可能地手段与政府建立良好的关系，从而充分利用政府的优势来为自己公司的发展创造条件。

不过，要想真正地与政府建立良好的关系，为公司的发展创造条件，有一些事情必须注意，那就是一定要坚持一切以国家利益为重，严格遵守国家有关政策和法令，自觉接受政府的指导与管理，不违法。

为什么呢？因为公司与政府的关系的处理，往往集中体现在国家利益和公司利益之间关系的处理上。有的公司仅仅从本公司的利益出发，不顾及社会需要和人民利益，片面追求盈利等等，其结果是损害了国家利益，由此也破坏了与政府保持良好关系的基础，公司的生存与发展就要受到威胁，最终也影响了公司的利益。白沟就是一个很能说明问题的例子。

河北省的白沟是国内有名的小商品批发市场，但是白沟在发展过程中，也曾出现过门庭冷落、被迫停业整顿的惨痛教训。

白沟商品集散地在建立之初，生意迅速红火起来，全国各地的商人云集此地。但是，在繁荣面前，白沟人未能保持冷静清醒，眼见生意日益红火，有利可图，假货、劣质产品开始充斥市场。由于秩序混乱，管理不严，这里还甚至出现过倒卖枪支的现象。显然，这些都违反了国家的法令法规，损害了国家和人民群众的利益，最后，白沟不得不陷入了停业整顿的境地。

所幸的是，经过停业整顿后，白沟又以崭新的面孔出现在了世人面前，生意也重新红火了起来。

所以，每个有远见的公司与公司领导人，不论在什么情况下，都必须坚持以国家利益为重，树立全局观念，使公司的政策与行为符合国家的利益和要求，并在这个前提下，采取主动的方式与政府建立良好的关系，使公司永远立于不败之地。

经营战略要时时关心政策

// 管理之要 //

从一定意义上来说，在中国，政策就是机遇。

在20世纪30年代初，一场席卷世界的大危机粉碎了“传统的自由竞争能够实现各种经济资源的最优配置的充分利用”的美好学说。由此，西方各国政府逐渐强调政府对经济活动的宏观调控职能，并取得了巨大的成功。这预示着现代公司不再是与政府行为毫无关系的市场主体，公司与政府之间有着直接的或间接的千丝万缕的关系。当亚洲一些国家和地区的政府通过强有力的手段干预经济并推动了经济的发展时，谁也不再否认政府和公司之间的种种关系。如何实现公司和政界的良好关系，也就成为一些杰出的经营人物所思考、所关注并努力做到的问题。

政治与经济发展的密不可分，警示着商界的无数拼搏者，要经好商，必须关心政治、了解政策，必须熟悉政治的大环境。

改革开放的中国，正在从传统的计划经济体制走向市场经济体制，在市场竞争的广阔领域，正在追赶先进的、发达的国家。毫无疑问，跨世纪的中国，政府的各项政策将积极引导经济的发展，并为公司的发展创造有利的宏观环境。渴望从芸芸众生中脱颖而出，成为世人瞩目的中国商人，要认识到这个关键点并尽力地了解政策，用好政策，从而自由地在市场经济大潮中一展身手，充分发挥自己的聪明才智，造就一番轰轰烈烈的事业。

（1）“中华饲料王”的成功之道——“我最关心政策”

1993年3月，在电视碘码栾强光照射的中外记者招待会上，当台湾女记者向中国最大的私营公司——希望集团董事长刘永好发问“你最关心什么”的时候，刘永好不假思索地回答：“我最关心改革开放的政策。”

这是一位成功商家的经验之谈！刘永好在谈自己“飞”起来的秘诀时，讲到他是把政策看作机遇，在中国的大气候下运筹每一个“棋子”，使自己的每一步“车、马、炮”都合乎共和国经济发展的规律。只有这样他才能在商战中做到左右逢源，稳操胜券。

的确，中国正处在经济体制“转型期”。处于体制转轨、调整过程中的中国商人，要想使自己的每一步都符合自己和国家发展的规律，纵横捭阖于市场经济大潮，就得下功夫研究政策，吃准“气候”。对商人来说，所谓“抓住机遇”，从一定意义上讲就是善于抓住政策调整的契机，这才是商家的制胜之道。

无须讳言，经验往往来自教训。刘永好在制定经营战略时如此地关心政策，乃是因为他曾因之“摔过跤，交过一大笔学费”。

早在20世纪80年代初期，刘永好的弟兄们筹划着同生产队联办一家电子厂，可当筹集到资金，拿出音响样品时，却被“枪毙”了，开什么黑店？有这种“公私融合”的政策吗？

于是，刘永好小心翼翼地关注着国家每一项大政方针的细微变化：

——政府的文件说到对私营经济的政策时，“大力发展”的提法取代了“适当发展”；

——第八届全国政协委员里，新进了包括刘永好在内的20位私营公司领导者，而且对他们首次使用了“非公有制经济界代表”的称谓；

——李鹏总理在《政府工作报告》里明确提出：各种所有制形式“长期共同发展”；

——被称为“国家队”的国有公司，现在允许同外资公司“嫁接”，小厂还可以公开租赁、拍卖给私人。

目光敏锐的刘永好在思索：这些到底是偶然的巧合，还是市场经济给国家政策带来了新的突破？这种政策变化，让刘永好有一种预感：新一轮的发展机会，已一步步地向希望集团走来了。

于是，在政协会上，刘永好大胆地提出了“国有、私营，优势互补，共同发展”的构想，他形象地称之为公私公司的“杂交组合”。

此后不久，刘氏兄弟与湘、赣、鄂等省的七八家饲料厂签订了合资合同，并在一两个月内就完成了改造任务，投入生产，现在已办得红红火火。

的确不错，刘永好再一次尝到了吃透国家政策的甜头。于是乎，国有公司雄厚的固定资产、购销渠道和人际关系及技术、管理人才，同刘氏公司适应市场经济的经验与机制，商标和资金，组合进新的公司里，并迅速变成了巨大的效益。

可以说，时时刻刻地密切关注国家政策的变化使刘永好在商战之中总能把握决胜先机。相信这位“中华饲料王”——刘永好的经验一定会给许多中国商界的后起之秀们以深刻的启示。

当然，国家大政策，对于商人来说，自然是利益攸关。但是，也有不少商界的投机人士，视国家政策为无物，甚至热衷于钻国家政策的“空子”，结果自然可想而知。正如打篮球必须遵守球场上的规则一样，在中国的市场上做生意就不能偏离国家政策规定的轨道，否则难免会一失足成千古恨，错过了合法经商的大好时机。

（2）“我相信中国的政策”

有些商人热衷于从事效益高、来得快的生意，比如房地产业。但由于缺乏对国家大政策的预见和理解，往往吃了不懂政策的亏而大伤元气。

例如，1988年全国治理整顿，政府又三令五申停建楼堂馆所，不少投资房地产开发业的商人，望着被迫停建的建筑而痛心不已，无所作为。而被称为“商界奇才”的福海集团董事长罗忠福却在治理整顿的政策确定以前，从早期的房地产业转向长线投资的旅游业，以短养长，获得了长期的效益。

而这一切无不根源于他对国家政策的深刻把握。罗忠福坦言承认：“无论在中国以外的任何一个地方，我都不可能有今天这样短短几年，增值千倍的奇迹。我的公司是在一个特定的地方，一个特定的历史环境里成长的。要说我有过人之处，那就是我比别人更会利用政策。”

作为一个私营公司领导者，他深知没有人做后台，必须自己去干，从干中了解产、供、销，从干中去体会、钻研国家的经济政策，以保证自己在激烈的市场竞争中立于不败之地。

中国的改革开放在世人的眼中简直就像谜一样令人捉摸不透，很多人因此对改革开放的政策持怀疑态度。

而以“101生发精”起家的北京富豪李晓华一直关注国内的政治经济形势，他在许多香港房地产巨头因为吃不准中国的未来局势和政策而纷纷调整投资方向时，看准了时机，抓住了最佳机遇，投入大量资金收购香港“楼花”。后来，中国政府宣布：中国的改革开放政策不变；内地对香港“一国两制”的方针不变时，香港的“楼花”迅速升值。李晓华见好就收，全部抛出，稳稳地赚了一笔。

有人说李晓华房地产一战“赌”赢了，称赞他善于把握时机。李晓华却说，主要是因为他相信邓小平开放改革的大政策不会变，是国家的大政策让他走向了成功。

（3）掌握政策，才能做大生意

作为一名具有国际战略意识的中国商人，就应当了解我国当前在对外贸易中所制定的国策，结合本公司的实际，灵活对待才能取得成功。

譬如说，1997 年 10 月初，我国决定再一次降低部分进口家电的关税，如彩电等。对此国内一些名牌彩电的生产厂家由于早已占领了国内大部分市场，因此，可以做好迎战“洋货”的准备，与之一比高下；而对某些生产彩电的厂家，由于没有自己的名牌，平时多靠组装而生存，因此，一旦世界市场上的“洋彩电”以国际价格（一般远远低于国内价格）涌入中国市场时，这些厂家难免受到猛烈的冲击而面临破产倒闭的结局。

因此，不同的生产商们应当结合本身实际情况，根据国家大政策来及时调整自己的产品生产结构，力争在国际竞争的大环境下扬长避短，不断增强自身的实力。

可以说，任何时候，商人与国家的经济政策都是紧密联系，相辅相成的。善用政策者，可以做到家国两利。

有人问，在中国做生意，怎样才能稳操胜券？答曰：抓住机遇。

但机遇究竟是什么？为什么有人抓机遇左右逢源，有人却与机遇失之交臂？

从一定意义上来说，政策就是机遇。只要你对国家的大政方针有了深刻的理解和把握，你就等于抓住了成功商人们的取胜之道。

第九章
掌握好“外力”可以增大内部活力

公司领导应当注意各种外力对公司发展的影响，因为你的商业活动是在整个社会的大环境中进行的，具体的商业活动又有其具体的活动场所。这就要求公司领导善于把外力转化为内力，以便增大公司发挥的活力。

和谐与所在社区的关系

// 管理之要 //

常言道“黄金有价，人缘无价”，公司与其他社会组织的交往、与其他社会组织的关系就是公司的人缘。

商业活动无疑是社会的活动。

要进行商业活动，就得依赖社会所提供的环境，诸如进行商业活动的场所、商业活动所需物资的来源等等。

而商业活动所需的场所，则是商业活动可以开展的前提条件。正如没有土地就没有万木欣欣向荣一样，没有商业活动所需的场所，就没有商业活动的进行。

商业活动是在整个社会中进行的，而具体的商业活动就需有具体的活动场所。在社会的各个地方都存在不同的商业活动。这些商业活动就依赖于其所存在的社区。一个商业活动能否在本社区得以存在并扎根，就要看其与所在社区关系的和谐程度。

然而，人在屋檐下，哪有不低头的。

经商者进行商业活动，就有自己的目的；这个目的就是占有和控制市场，以达到自己盈利的目的。而社区也有自己的原则与目的。对于一个社区来说，其根本目的是社区自己的发展和利益，是为了维护社区居民的利益。当经商者与社区为了各自的利益而相撞时，就不可避免地出现矛盾与摩擦。

一个社区的环境有利于经商者进行商业投资，在这里就可以获得很大的利润。但是，一旦社区认为这种经营活动不利于社区，有损社区的利益和发展，且破坏了社区的形象，社区就会对其排斥，不让这种商业活动进入本社区。经营者只能望“洋”兴叹。纵然，经营者强行进入社区，也会遭到社区的为难与刁钻让经营者在此无法安身，变有利可图为无利可图，最后快快而退，败走“社区”。

所以，人在屋檐下，不能不低头。要想在社区中站稳脚跟，大力发展商业活动，就须学会低头，尽量与社区融合在一起。让商业活动社区化，成为社区的核心之一与形象的代表。使社区与本商业活动互惠互利，相互帮助，共同发展。

“可乐”作为一种较为高级的清凉饮料，已被越来越多的人所享用。在“可乐”家族中，可口可乐雄居第一。目前，全世界已有 206 个国家和地区的人们在饮用它。每天要喝掉 2 亿瓶，约 7.5 万吨。

这就有赖于可口可乐公司的第二任董事长伍德鲁夫。他是个精明能干，具有雄才大略的人。在美国市场日趋饱和的情况下，他认为有必要另辟市场才有出路，故提出了一个惊人的设想；就是“要让全世界的人都喝上可口可乐”。

然而，要打开国外市场，深入各国人心谈何容易。每个国家都有自己的饮料，且占据着国内的大量市场。而且，各国的人民都有不同的习惯。但是，伍德鲁夫成功了。可口可乐成功地进入别国市场，并迅速占有了市场和受到人们的欢迎。

伍德鲁夫成功的重要原因就在于制定了“当地主义”战略。他的举措，有利于当地扩大投资，获得利润；同时又积极地帮助当地人开发资源，为当地的人提供了众多的福利。可口可乐公司的政策深入人心，受到当地人的欢迎。当地人也给予可口可乐公司极大的支持与协助，为可口可乐公司创造了良好的发展环境。可口可乐公司就这样在当地扎了根，并迅速地发展了起来，也带动了当地经济的发展。

这就是商者与社区相融合，携手共创事业的典型事例。一个卓越的商者，深知环境之重要性。其商业的活动依赖于社区的行为和环境。离开社区的支持与协助，商业活动就无法开展。既然身在他人屋檐之下，就应学会低头，与社区合作，充分利用社区之需来满足自己的需要，达到自己的目的。

商者学会低头，为社区造福，不仅不会损害自己的利益，反而可以创造时机，为自己商业活动的开展和扩大打下良好基础。

商业的活动实质是一个连续的、循环的过程。任何一步的断节，都会影响到以后活动的开展。而在社区中创造良好的经营环境，就是为以后活动的开展创造契机。社区接纳一个商业活动，就会积极地支持和协助这个商业活动顺利开展，以便为自己的社区谋利。这样，在社区内，生产、运输、销售就会比较顺利地进行。整个环节可以正常运转，利润就可以滚滚而来。

托尼是一家冷饮店的经理。当初他把店铺建在这个地区时，曾受到该地区人们的强烈反对。因为该区素来以环境整洁优美而闻名。他们担心，托尼把冷饮店建在这里会严重地破坏该地区的形象。因为冷饮的销售很可能会增加本地区的垃圾：用来装饮料的器具可能会被到处乱扔。

为了能融入这个社区，一方面为自己的商店打开销路，另一方面维持整个社区的形象，托尼特地花上一笔钱，在这个社区增加了垃圾箱的数量。这些垃圾箱被设计成各种形状多种颜色的，既漂亮又使整个社区看起来很美观。

托尼的做法博得了社区的称赞，他们深为托尼的诚意感动，并接纳了托尼。托尼的商品很快成为这个社区喜爱的物品之一。这个社区还帮助托尼推销其产品，使托尼的产品在其他社区也占有了市场。为了表示对整个社区支持和协助的感谢，托尼在社区办了一个“儿童读书室”，使社区的儿童可以看到很多精彩的书，而不是把空闲时间白白地浪费过去。

就在与社区互利的形势下，托尼扩大了其经营活动，在社区中取得了成功。

妇孺皆知的“活力28，沙市日化”，使产品、公司、社区的知名度同时提高。广东的健力宝集团公司更是将公司所在的马路命名为健力宝路。名牌产品——“神州”牌热水器将公司所在的社区取名为神州城。这些成功的公司都将自己的公司与社区融为一体，不仅提高了社区的知名度，给社区公众带来了自豪感，也进一步促进了社区对公司的关心支持。

社区对公司的生存和发展有着如此重要的影响，作为一个具有远见的商者，就不能不重视搞好公司与社区的关系。从伍德鲁夫与托尼的经验，我们可以有这样的体会：

要对社区多做贡献与帮助，只有这样，才能换取社区对公司的支持与配合。

社区需要从公司那里得到的可以分为这几类：为社区上缴稳定的税金、利润和各项费用、基金；为社区创办、扶持各项公益事业；为社区创造一个良好的生态环境和人文环境；为社区待业人员提供充足的就业机会和良好的教育，提高社区的知名度。一个优秀的商者在打入社区时一定要审时度势，在这几个方面下一番功夫，则定能在与社区的交往中取得成功，得到社区的支持与配合。

然而，公司在为社区作出贡献时，也有其一定的需求。公司与社区的关系是建立在互惠互利的基础上的，公司的目的是占有市场，控制市场，为自己营利。所以，公司在对社区作贡献时，也不能不讲求自己的原则。这些原则一般来说，应有这样几点：

互利性原则：既不损害社区利益，也不能损害公司的利益。

计划性原则：作为公司外部公关的重要一环，公司对社区所开展的活动不能是盲目的。

目的性原则：在具体的活动中讲求目的性。

持久性原则：公司社区关系永远存在，处理社区关系必须持久进行。

效益性原则：尽量以最小的投资获得最佳的经济与社会效益。

公开性原则：对社区的贡献应是法律和政策所允许的，不能私下违法地进行。

公司与社区的睦邻关系是公司生存和发展的根本保证，是公司生产经营活动的客观需要，也是社区繁荣稳定的可靠基础。社区是公司赖以生存、发展的“土壤”，而公司也可为社区作出贡献和帮助，促进社区的繁荣与发展。所以，公司与社区之间唯有互惠互利，相互帮助，结成睦邻关系，方能共同发展，共创美好前景。

一个优秀的、具有雄才大略的公司领导者决不会离开社区，孤军奋战；或者无视社区的需要，盲目瞎干，只追求自己的利益。

这样，结局只能是失败。

同样，社区也需要公司的支持与扶助，离开公司社区也不可能有经济的繁荣与发展。

社区与公司，分则两败俱伤；合则共同发展。

承担必要的社会责任

//管理之要//

公司不仅要追求利润，也要对所处的社区承担起一份社会责任，积极地投入公益事业的建设中去。

如前所述，商业活动是社会的活动。

商业活动是社会重要的活动之一，为社会提供的不仅仅是物质财富，同时，还应放眼百年，履行其所应当承担的不可推卸的社会责任，为社会的公益事业作出贡献。

在吴庆德等编写的《美国公司经营管理学》一书中，对所谓公司的社会责任作出了解释：公司为了所需的社会福利而必须关心的道义责任即是社会责任。社会责任是随着社会化大生产和商品经济的发展，而出现的一种社会对公司的要求。它体现出了公司的经济性和社会性的统一。

公司是社会的器官，其存在依赖于社会所提供的一切。无论是生产、经营、销售、还是运输，公司的活动都离不开社会。企业的生产需要社会提供的资源：人力资源及物力资源；公司的经营、销售，依赖于社会制定的法规及政策；而商品的运输则依赖于社会所提供的设备与措施。总之，一个公司的活动不能离开社会而存在，其只能在社会中才能存在，才能发展，才能实现其效益。

巴尔的摩市的市长舒华，在这方面作出了表率，尽管他并不是一位公司领导者。

除了周末的时间以外，他会在司机的陪同下，到各个地方去看一看。当他看到路面上的洼洞、坏掉的街灯、凹凹凸凸的垃圾箱、脏乱的公园、社区暴动、没人要的车子、倾斜的交通信号、枯死的树木、遗漏的公车站牌、走道上的垃圾时，他就会拿出笔和备忘录把该做的事一件件记下来。这些备忘录在星期一早上就会出现在各个顾问的桌子上，而这些垃圾、洼洞、弃车，在他下次开车经过时就已消失。

舒华就是这样以认真的态度来引起人们对公益事业的重视，让人们意识到其社会责任的重大。同时，舒华一旦发现了问题就迅速地进行了解决，使社会能以美好的形象出现在人们的面前。为人们的安全、健康和愉悦履行了自己的社会责任，为公益事业作出了杰出的贡献。

舒华是一位政治家，他把对自己所管辖的城市持有一份责任作为最重要的事情之一。同样，作为一位公司领导者，也需有此心此德。不仅仅要追求公司的利润，也要对公司所处的社区承担起一份礼会责任，积极投入公益事业的建设中。

其实，商者负担社会责任，进行公益事业，并不是今天才有的，自古以来，就有众多有见识的商者积极投身公益事业。

商人中间，以其余财，用于慈善、公益事业上面，表现较高道德风貌的，最早见于史籍的则是春秋末期的陶朱公范蠡。

范蠡善经商，十余年中三至千金，再分散于贫交疏昆弟，几次疏财济人，贫交乡党皆分沾其惠，无愧乎“富好行其德者”的赞语。“后来衰老而听子孙，子孙修业而息之，遂至巨万，故言富者皆称陶朱公。”他的行善分财，并没有影响资本积累，倒是后来越来越高，由“千金”而至“巨万”。

范蠡以后，在这方面舍得花钱的商人——诚贾、良商，历朝历代都有，而以明清晋徽两大商帮最为著称。较普遍的是将资金用于助赈救灾、施衣送药、修路筑桥、浚渠固堤等公益性事业中，很多是属于商人的善举义行。

而且晋、徽两大商帮之富者很热心于为其同乡宗族办好事，其中尤以徽商更为突出。他们“兴义学、置义田、建义宅、设义冢，宗祠赖以建，宗谱赖以葺，族之贫乏赖以渡艰，族之子弟赖以成才”，在其本乡本族照顾了一大片。山西永济的“归儒”学院即为商人秦魁炎所建；安徽歙县城内的“紫阳”书院，城外的“山间”书院，都是在扬州经营盐业，担任总商的鲍氏出巨资11000两白银重建于重废之时的。设置义田、修祠、恤贫、赈孤的情况也很多。

晋徽两大商帮，为本乡本族之公益虽所费不赀，但所得亦不薄。一些大商人并未因此而影响其资本的积累和继续增加投入。而且，他们还获得了好名声，有利于提高自己的商誉和在商界的地位。他们尊祖、荣宗、睦族、恤亲，更可帮助宗族努力来建立商业垄断，开展商业竞争，控制从商伙计，内修宗祠，外建会馆，是徽商发展商帮的两大支柱。商帮势力的壮大，商人其业更隆其家更饶，远远超过了其先前的投资。

古之商人尚能“富而有德”，为社会的公益事业出钱出力，今之公司在财力范围之内，对这方面的工作自然可以做得更好，更有意义。古之商人尚知急公好义，为国纾难，今之商人更应热爱自己的国家，担负起应履行的社会责任。

美国的“计算机大王”诺顿夫妇，其庞大的别墅每年接待成千上万的募捐者和参观者。夫妇俩决定将他们的钱财贡献给社会的慈善事业，并扶助艺术方面的新生力量，他们成立了不止一个基金会，资助艺术馆、博物馆、财政困难的报社和儿童救助以及教育事业。

诺顿夫妇的所作所为，都得到了社会的承认和广泛的赞扬。

义利两重的商人精神，古今有之；如诺顿那样热心公益的企业家，中外有之。由此可见，敢于承担社会责任，热心于社会公益事业的商者、公司领导者大有人在。所谓的“见利忘义”、“毫无社会公德”并不适合所有的投身于商海的人。

然而，在现实中，的确有一些人为了获取高额利润，为了装满自己的腰包，不顾公众利益，不顾社会的发展。他们无视法规，无视道德，用尽各种手段来破坏整体的利益，换取自己的利益。这些公司和商人也不可能有长久的发展，最终会被人们抛弃，身败名裂而退出历史舞台。

有一段时间，纸价暴涨，造纸业有利可图。于是，许多投机者纷纷建起了小型的造纸厂，以此牟利。

众所周知，造纸业是污染很大的产业之一，国家对造纸业的检查与监督都很严格。只有那些既有经济效益又有社会效益，能严格控制污染的公司才可能存在。然而，这些小型的造纸厂不顾国家法规，照旧让机器不停地转动，污水也不断地流出。

这些有毒的污水被排入河中，严重影响了生态平衡和人们的生活。但是，只因有利可图、有钱可赚，这些公司根本没有想到环保和社会责任。

这种不顾公众利益的行为所导致的唯一后果就是：关闭。公司不为社会负责，不考虑社会效益，社会就会对其进行惩罚。国家对这些小型的造纸厂进行了一次大的“扫荡”。勒令他们迅速关门，并为其造成的不良后果负责。

这就是不顾社会公益事业而最终“自毙”的实例。

一个公司的存在与发展是长久的，而不是一时的存在之后就消失。要想长期地发展，长久地运行，就需认识到一个公司在社会中的责任，为社会的公益事业而尽力。唯有如此，公司才具备长久发展的条件与环境。

作为公司领导者，其面对的社会责任无论是大是小，是多是少，其在实质上却是相同的。从已举出的实例和现实中，我们可以把公司的社会责任概括为五个方面：

公司的社会服务。指公司应为社会提供满足各种需求的服务，公司的决策者必须面向市场，面向顾客，满足他们的需求，维护消费者的利益。

公司的社会历史使命。即公司成员对社会作出贡献及协调各种利益集团的使命，促进社会经济和政治的繁荣与稳定。

公司的社会利益。即公司必须把维护和实现社会利益作为评价其经营活动的有效指标。

公司的行为顺序。即公司在使用各种自然资源和社会资源时，应当优先考虑由于这种使用而可能给社会带来的影响和后果。

公司的社会产品。即公司提供的各种产品，既要为公司自身带来经济效益，又要对社会负责，创造社会价值。

公司不同于慈善机构和民政部门，不可能把公司的目标转向公益事业。但是，公司的发展不可能离开和抛弃其社会责任。公司为公益事业作出的贡献，必定会在社会中得到回报。社会会为公司的发展创造良好的创业环境。就如同晋徽商帮一样，在为社会作出贡献时，其利润不仅不会减少，反而在社会上树立良好的公司形象，吸引众多的顾客，使公司的资金不断聚积，有利于公司的发展壮大。

“失之东隅，收之桑榆”。公司作为社会的器官，应当履行其所承担的社会责任，为社会的公益事业作出贡献。当公司把闲置的资本用于社会公益事业时，其失去的不过是一部分的经济利益，而获得的则是无穷的社会效益。这种社会效益所带来的经济效益也正是公司所希望得到的。

雄才大略之人，必具有此种远见，看到为社会公益事业作贡献而给公司带来的巨大效益。其愿意承担社会责任，愿意为社会的公益事业而奉献。为公司的发展创造良好的发展环境。

赞助公益事业的主要形式和技巧

// 管理之要 //

雄才大略之人，必具有此种远见，看到为社会公益事业作贡献，而给公司带来的巨大效益。

公司向公众提供物资或金钱的帮助，是公司赞助公益事业的常用技术之一。它可以体现公司的社会责任感，争取公众的认同与支持，有利于树立良好的公司形象。对于公司来说，这也是一种较好的促销手段。提供社会赞助可以采取多种形式，主要包括：

——赞助体育活动，这是最常见的形式，具体包括承担运动队经费、赞助比赛等；

——赞助文化艺术活动，如赞助文艺团体、文艺演出、节目制作等，这也是常用的、效果明显的赞助形式；

——赞助教育事业，这是有利于公司长远发展的形式，如向学校提供部分经费或设立奖学金、奖教基金，赠送图书、教学仪器，出资修建教学设施等；

——赞助出版物的制作；

——赞助展览等专题活动；

——赞助社会慈善和福利、环保等；

——赞助学术研究活动；

——赞助救灾和其他社会活动。

提供社会赞助应本着双方受益的原则，结合公关活动来进行，并要注重信息传播，恰当选择赞助对象，使赞助活动有利于提高公司的知名度和美誉度，争取较好的社会效果。

提供社会赞助要讲究一定的技巧，如：

——成立赞助委员会、集体决策，既可以避免个人决策的片面性，也有利于抵制不合理的征募者；

——集中多个分公司的财力建立一笔慈善基金，并将其投入公司总部所在地的公益福利事业中；

——投入某团体一笔资金，建立新的基金会；

——集体捐助某一敏感事物，也会收到意想不到的效果；

——赞助儿童教育事业，为组织的长远发展奠定基础；

——公司最好集体捐助。

总之，公司支持公益事业，不仅仅是一种付出，同时也能得到回报。赞助公益事业，是公司树立良好形象的好时机。

北京桑普电器公司是生产小家电的知名公司。1995年，恰逢意大利等足球强国的多支甲级劲旅访华比赛，在全国引起不小的轰动。在凌波公司形象设计所的策划下，桑普电器抓住这一机遇，大做“足球”文章。在中国队与桑普多利亚队比赛之前，他们向国脚们赠送了足浴器，并将桑普净化器作为中国足协的礼物送给意大利大使馆和桑普多利亚队的官员；在国安—AC米兰之战中，设立了“桑普电器纪念杯”，组织啦啦队，赛后向国安队赠送了空气净化器；在国家队与佛拉门戈队的比赛中，为了增加比赛的激烈程度，特设“罗马里奥—符宾攻守奖”，以刺激罗马里奥为荣誉而战；在国家队与佩那罗队的比赛中特别设计的桑普电器卡通人在赛场上格外引人注目，他引队入场并进行了场间表演……

一系列的活动引起了新闻界的极大关注。中央电视台、北京电视台、北京晚报、北京青年报、足球报、中国商报等多家新闻单位进行了及时报道，使桑普电器树立了民族公司支持民族体育事业的良好形象，获得了广大消费者的信赖与好评。

可见，公司赞助公益事业，有利于提高公司的知名度和美誉度，对于公司的长远发展有百利而无一害。当然，公司赞助公益事业也要量力而行，不要打肿脸充胖子。

前一段时间，国内一家公司花数亿元在媒体上大做广告，却不用于新产品开发，结果所生产的产品市场饱和，卖不动，大批积压，公司不得不宣布破产。这虽然不是一个赞助公益事业的事例，但同样可以说明，公司出资赞助要适度，不可变好事为坏事。

如今，全球气候变暖，人类生存环境日益恶化，许多珍稀动物面临濒危灭绝的险境。在这种情况下，公司赞助环保事业，尤其能得到公众的认可，同时，加强环境保护，有效防治污染，也是作为社会一分子的公司义不容辞的义务。

美国杜邦公司的实验室对员工接触的化学药品经常加以调查，并一直为员工和退休人员提供免费的健康检查。谢夫隆石油公司经常给各种非赢利性的环保组织提供赞助，公司员工还自愿频繁参与环保活动——包括在约塞米提国立公园植树和对密西西比河、佛罗里达海滨等的清扫，树立了良好的公司形象。

众所周知，国外越来越多的公司开始格外重视环境保护，各种环保组织对各个社会组织的生产经营进行监督，那些破坏环境与生态的公司将遭到社会的谴责和公众的声讨。

但是，在国内，有一些人为了获取高额利润，不顾公众利益，不顾社会的发展。他们无视法规、无视道德，不择手段，不惜损害整个社会的利益来换取自己的利益。这些公司是不可能长久发展的。

有一段时间，纸价暴涨，造纸业有利可图。于是，许多投机者纷纷建立了小型的造纸厂，以此牟利。事实上，造纸业是污染很大的产业之一，国家对造纸业的检查与监督很严格。只有那些既有经济效益又有社会效益，能严格控制污染的上规模的企业才可能存在。然而，这些小型造纸厂不顾国家规定，照例让机器不停地转动，污水也不断地排出。这些有毒的污水被排入河中，严重影响了生态平衡和人们的生活。但是，因为有利可图，这些公司根本不考虑环保和社会责任。

当然，其后果也只有一个：关门停产。国家对这些小型造纸厂进行了一次“大扫荡”，勒令他们迅速关闭，并为其造成的不良后果负责。

这就是不顾社会公益事业而最终自毙的实例。而公司赞助公益事业，则是在为自己的发展进行“储蓄”，储蓄人才，储蓄支持，储蓄良好的形象，储蓄口碑，储蓄未来……

“在我们所服务的社会中，无论是在世界何处，摩托罗拉都努力成为深受信赖和尊重的好公民”。——摩托罗拉公司首席执行总裁盖瑞·吐克这样说。

摩托罗拉所尊崇的公司文化就是要“取之于社会，用之于社会”。

中国有句古话：“十年树木，百年树人”。摩托罗拉作为一个高科技公司，深深懂得基础教育对于培育人才，提高民族素质的重要性，因而，摩托罗拉的宏愿就是要以教育为本，以教育兴国。

摩托罗拉公司响应“希望工程”的号召，是中国希望工程的最大捐款者之一，对于这项支持中国农村建立希望小学及帮助失学儿童重返校园的计划，在几年以前就已捐赠了近700万元人民币。摩托罗拉还积极支持中国的高等教育，公司为包括清华大学、北京大学、北京邮电大学、天津大学、南开大学和复旦大学在内的中国大学提供了2000个名额的奖学金，总金额达170多万元，鼓励学习优秀的大学生，并为清华大学和北京邮电大学订阅了10余种价值40余万元的优秀外文期刊。

摩托罗拉在中国的大学还建立了3个微处理器/微控制器实验室及5个通信实验室，并将在今后几年内把计划扩展到20所大学，公司还为中国约30所大学提供了电子工具箱及技术手册。

此外，摩托罗拉热衷为中国的环保事业作贡献。与天津环保局共同举办环境保护研讨会，邀集中国的政策制定者、管理者以及全国的学者和实际工作者针对中国环保进行研讨。

摩托罗拉以实际行动回馈社会，在公众心中留下了良好印象。

失之东隅，收之桑榆。

公司作为社会的一个器官，应当履行其所承担的社会责任，为社会的公益事业作出贡献。当公司把闲置的部分资金用于公益事业时，失去的只是部分暂时的经济利益，而获得的将是更多的社会效益。而这些社会效益反过来又会为公司带来更可观的经济效益。也就是说，公司的这些资金并不是无端地丢掉了，而是进行了高回报、高收益的投资，这也正是公司所希望看到的。

作为公司的经营者，应该有这种远见，有选择地为社会公益事业作贡献，积极塑造良好公司形象，进而获得更大效益。愿意承担社会责任，愿意为社会公益事业作贡献的公司领导，也一定是对企业有责任感的经营者，有这样的领导，公司才会有长远发展。

建立良好的股东关系

// 管理之要 //

坚定股东的信心，加强与股东的信息沟通是最为有效的办法。

常言说“创业难，守业更难”。如果公司现有的股东出现了抛售或者转让股票与债券的行为，就是公司内部自乱阵脚，更谈不上吸引新股东了。因此，需要坚定股东的信心，加强与股东的信息沟通是最为有效的办法。股东并不能完全了解其投资公司的具体业务状况，当公司身处逆境时，许多股东就不知如何是好了。所以公司公关部门应加强与股东间的信息沟通。公司公关部门应经常地主动地向股东提供他们想知道的有兴趣知道的资料。股东作为公司的投资者，他们对公司的关心也是对其所投资金的关心。股东与公司是一种“投资——分利”的关系，而股东感兴趣的问题也是紧紧围绕这个关系展开的。公司应如实向股东提供有关公司生产经营的信息，绝对不能只报喜不报忧。若对于公司中存在的问题进行掩盖，长此以往，势必丧失股东对公司的信任。

公司与股东沟通信息的方式可以有多种多样，如：

编制年度报告。这是公司处理股东关系最重要的工作。它逐渐成为发给员工、顾客和新闻媒介的重要参考资料，受到领导的重视。

召开股东大会。股东年会是股东的“审判日”，是公司与股东直接沟通的重要方式。这种方式的优点就在于可以与股东有直接的接触，易于交换意见。

信函往来。这是与股东交换意见，联络感情的一种好方法，既可以与较近的股东沟通，也可以与较远的股东沟通。

召开临时会议。可用于公司的周年庆典等，对重大问题进行决策。

要与股东建立良好的关系，除了与股东进行沟通之外，还要尊重股东的优越感，以公正平等的态度对待股东。股东作为企业的投资者，无论投资多少，都是公司的“老板”，其优越感是比较强的。公司的公关人员就要充分尊重股东的这种优越感，不可完全用经济的眼光看待股东，更不能把股东与公司的关系看成是单纯的“投资——分利”关系。要让股东在公司中感到亲切，让他们感到自己与公司是休戚相关的。

公司对股东要一视同仁，无论股东出资多少，都是公司的“财源”，公司对股东，不可厚此薄彼，让人觉得认钱不认人。

公司与股东，正如流与源。源头越多，河水就越多；一旦源头没有了，河水也就会干涸。公司只有拜好“财神”，才能广开财源。

公司发展依靠科教界

//管理之要//

公司的发展必须依靠人才和科技，唯有与科教界携手合作，才能有辉煌的未来。

国内彩电公司的一匹黑马，就是靠走科技型的道路，在激烈的市场竞争中杀出重围，一鸣惊人的“乐华”。乐华的老总认为，乐华要长期发展，做国际名牌，绝不能搞捞一把就走的游击做法，必须走科技型的发展道路，而要走科技型的道路，当然离不开科教界。

从乐华自身来说，乐华的科研投入占到了销售收入的15.3%以上，这个比例在国内外都属罕见，需要很大的决心和魄力。107名世界电子工业专家与资深工程师、近2100名专业技术人才、良好的科研运作能力与机制，使乐华的产品真正做到了科技领先。在与国内科技界携手合作的同时，乐华又在美国、日本、德国设立了电子科研所，在法国建立生产基地，与日本松下、富士通、三菱、三洋、东芝，荷兰飞利浦，德国根德，西门子，美国RCA等共同构筑了成果共享的国际技术协作体系，跟踪消化世界最新动态成果，确保乐华的品牌具有国际竞争实力。

在公司追求与科教界的合作时，应该看到公司与科教界的关系实际上是建立在一种广义的交换基础上的。双方的合作首先是为了各自的发展，而这种各自的发展又可以推动对方的进步。因此，这是一种相互依存，相互促进的关系。

公司与科教界的关系，大致可有以下一些：

公司同科研单位、高等院校联合，建立稳定的科研、设计、生产联合体，共同负责人才培养、科研以及产品与技术的开发应用工作。

闻名于世的美国“硅谷”，就是围绕斯坦福大学建立的包括大大小小的公司和科研单位，包括材料、设备、工艺、研究、教学在内的一整套工业体系。日本的筑波工业城，北京的中关村都是这种类型的工业体系。

公司同教育科研部门合作，多层次、多形式地培养人才，进行人才储备。

日本有一家由年轻的总经理领导的“斯瓦民”公司，其成功的主要因素就在于重视对员工的教育。为了培养和教育业务能力较强的人才，该公司每年都要投入大量的财力，其教育经费高达 1.5 亿日元。新员工进入公司，首先要接受英语和韩语的特别训练，公司用重金聘请英国教师教授会话。每年还派出人员到大阪语言专门学校和富士通公司办的国际经商人才的学校去学习。由于积极地培养人才和开拓国际市场，这个仅有 55 名员工的公司，一跃而成为人员少，盈利多的知名公司。

公司同高等院校、科研单位合作，充分发挥双方的智力、技术优势，加快公司的技术改造。实践证明，公司搞技术改造投入少、见效快，是一般新上项目所难以比拟的。

公司与科教界的联合可以说多种多样。公司应同科教界时刻保持密切联系，同高校、科研机构联姻，与科研机构配合，携手走向市场，促进科技成果的商品化；也可以根据自身的需要，向教育界、科研事业投资、促进教育、科研事业的发展；还可以积极创造条件，为科研单位提供开发试验基地，为高校提供学生实习基地。这样，有利于公司吸引人才，选择人才。

随着经济的高速发展，产品科技含量增加，公司的发展必须依靠人才和科技。唯有与科教界携手合作，才能有辉煌的未来。

科教兴国。同样，只有科教——才能兴企。